게으른 뇌에
행동 스위치를 켜라

게으른 뇌에
행동 스위치를 켜라

오히라 노부타카 지음 | 오정화 옮김

 밀리언서재
Million Publisher

먼저 이 책을 읽고 있는 여러분에게 감사의 말을 전한다.

매우 뜬금없는 이야기지만 채소의 씨앗이나 모종을 심지도 않고서 수확을 기대하는 사람이 있다면 당신은 어떤 생각이 드는가?

'당연히 수확은 불가능하겠지', '아무것도 심지 않았는데 수확을 기대하다니……', '일단 모종을 심거나 씨를 뿌리면 좋을 텐데……'라고 생각할 것이다. 물론 씨앗도, 모종도 심지 않고 채소를 수확하려는 사람은 없을 것이다.

하지만 이것이 매일 하는 업무나 자신의 꿈, 목표의 실현이라면 어떨까? 꿈이나 목표는 있지만 그를 실현하기 위한 행동을 시작하지 않고 성과만 기대하는 사람이 의외로 많다.

'영어로 대화하고 싶다'라고 생각하지만 영어책은 건드리지도 않고 있다.

'몸을 만들어 건강해지고 싶다'라고 생각하지만 몇 년 동안 피트니스만 찾고 있다.

'취미를 살려 사업을 시작하고 싶다'라고 생각하지만 관련 조사조차 하지 않고 있다.

짚이는 데가 있는 사람도 있지 않은가?

매일매일의 업무도 마찬가지다.

'상사에게 빨리 문제를 보고해야 하는데'라고 생각만 하다가 저녁이 되고 말았다.

내일까지 해야 하는 보고서가 있지만 할 마음이 생기지 않아 손을 대지 못하고 있다.

메일에 답변하기가 귀찮아서 미루고 있었더니 엄청나게 많이 쌓였다.

이러한 일이 반복되어 '그래서 나는 안 되는 거야', '언제나 아슬아슬해질 때까지 움직일 수 없어', '그때 행동했다면 좋았을 텐데……'라며 자책하는 사람도 있을지 모른다.

이 책은 그런 당신의 '바로 행동하는 스위치'를 되찾기 위한 책이다. 행동 스위치는 누구에게나 존재한다. '무심코 미루고 마는 사람'은 단지 스위치 켜는 방법을 잊어버렸을 뿐이다.

'바로 행동하는 사람'에게는 공통점이 있다. 바로 자연스럽고 편안하게 몰두하고 있다는 것. 의욕이나 근성에 의지하지 않고 무리하지 않으면서 척척 움직이고 있는 것이다.

그렇다면 당신이 바로 움직일 수 없는 이유는 무엇인가?

의욕이 없어서? 의지가 약해서? 성격의 문제? 아니, 그렇지 않다. 당신을 움직이지 못하게 만드는 것은 바로 당신의 뇌이다.

사실 우리의 뇌는 엄청난 귀차니스트다. 새로운 일에 도전하거나 어려운 문제를 해결하려고 하면, 생명을 지키려고 하는 편향이 작용하여 현재 상태를 유지하려고 한다. 다르게 말하면 귀찮아하는 뇌를 움직일 마음이 생기도록 만들 수만 있으면 '바로 행동하는' 스위치를 'ON'으로 바꿀 수 있다는 말이 된다.

이 책에서는 그 스위치를 켜는 방법에 대해 누구나 지금 바로 할 수 있도록 37가지로 나누어 소개한다.

이렇게 잘난 척을 하며 책을 쓰고는 있지만 사실 필자도 예전에는 마지막까지 미루는 사람이었다.

벅차다.

귀찮다.

다시 미룬다…….

오늘도 그다지 좋지 않다.

하루하루를 바쁘게 보내고 있지만 무언가 쌓아 올리는 느낌
은 들지 않는다.

지쳤다.

그 무엇도 하고 싶은 마음이 도저히 생기지 않는다.

당시 나의 머릿속은 이런 생각들로 가득했다.

SNS를 보면 '친구가 새로운 일을 시작했다', '취미를 끝까지
파고들다니 대단하다', '업무에서 뛰어난 성과를 내고 있다',
'업무도, 사생활도 알차게 보내고 있어 왠지 즐거워 보인다'라
는 생각이 들면서 '그에 비해 나는 왜 이렇게 변변치 않을까?',
'업무도, 사생활도 어중간해서 자랑할 거리가 없다'라며 열등감
이 들고 한숨이 나온다.

하루, 일주일, 한 달, 반년, 한 해가 똑같은 패턴의 반복. 시
간을 거듭해도 성장은 느낄 수 없고 초조함과 질투, 후회만 늘
어간다.

'이렇게 되고 싶다, 이렇게 되면 좋겠다'라는 작은 희망은 품

고 있지만 어떠한 행동으로도 착수하지 않았다. 그러면서 언제나 행운의 여신이 기회를 가져다주기만을 기다리고 있었다.

당연한 말이지만 씨앗을 심지 않은 땅에는 잡초만 자랄 뿐이다. '내 인생이 이럴 리 없어', '나는 왜 이렇게 기대 이하인 걸까'라며 한탄하는 자기 비하의 연속이었다.

그랬던 내가 바뀌게 된 계기는 뇌 과학·심리학과의 만남이었다. 뇌 과학과 심리학을 배우면서 행동하지 못하는 나의 상태가 의지가 약하거나 야무지지 못한 성격의 탓이 아니라, '행동의 스위치를 켜는 법'을 알지 못했기 때문이라는 사실을 깨달았다. 그렇게 '미루기만 했던 인생'에서 '일단 씨앗을 심어보는 인생'으로 변화했다. 다시 말해 아주 조금이라도 좋으니 일단 움직여보고 행동해보는 습관을 익힌 것이다.

그 깨달음을 활용하여 지금은 멘탈 코치가 되어 경영자나 올림픽 선수를 비롯해 1만 5천 명 이상의 직장인 여러분의 꿈과 목표를 실현하는 데 조력자 역할을 하고 있다. 이 책에는 멘탈 코치로서 많은 사람을 도울 때 사용하고 있는 방법들을 가득 담았다.

지금은 아직 최선을 다하지 않았을 뿐이다.

상황이 조금 더 좋아지면 움직이기 시작하자.

깊이 생각하고 확실히 계획을 세운 후 실행하자.

그러는 사이에 시간만 흐르고…….

아, 더 이상 이런 건 싫어!
흐름을 바꾸고 싶다.
자신을 다시 일으켜 세우고 싶다.

그런 당신에게 이 책을 선물한다.

바로 행동하지 못하는 경험은 누구에게나 있다. 정확히 말하면 행동할 수 없는 것이 아니라 '지금은 움직이지 않는' 선택을 하고 있는 것이다. 그렇다면 '지금은 움직이지 않는' 선택을 하는 기준은 어디에 있을까? 대부분 명확한 근거는 없고 그저 무언가를 기다리고 있을 뿐이다.

정답이 확실해지기를 기다리고 있다. 누군가가 명확한 지시나 명령, 지침을 내려주기를 기다리고 있다. 상대방의 연락을 기다리고 있다. 상황이 호전되거나 최적의 타이밍이 다가오기를 기다리고 있다. 이득과 손실이 명확해지기를 기다리고 있다.

이러한 '기다림'에서 나타나는 공통점은 상황을 좋게 만들거나 정답을 도출하기 위해 스스로 적극적으로 움직이는 것이 아니라, 일단 '상황을 지켜본다'라는 점이다.

하지만 이와 같은 '수동적'인 상태에서는 대부분 상황이 좋아지기보다 악화되기 마련이다.

앞을 내다보기가 쉽지 않고, 정답과 가치관이 쉴 새 없이 변하는 격동의 시대이기에 누구나 상황이 좋아지기까지 멈추어 서서 지켜보고 싶다고 생각하는 것은 당연하다.

큰맘 먹고 한 행동이 말짱 도루묵이 되거나 역효과가 나는 경우도 있다. 손해를 보거나 실패를 하고 싶지 않다. 어차피 행동해야 한다면 착실하게 성과로 연결하고 싶다. 그것이 명확해지기 전에는 행동하고 싶지 않다. 그런 마음은 너무나 잘 알고 있다.

그러나 상황이 호전되기를 기다린다고 해도, 적어도 씨앗이나 모종을 심고 나서 조금이라도 계기가 되는 행동을 한 이후에 기다리는 것은 어떨까? 그러면 수확할 가능성, 즉 꿈이나 목표를 실현할 가능성이 아예 '제로'가 되지는 않을 것이다.

아주 조금이라도 괜찮다. 여러분 자신이 행동으로 옮겨야 비로소 변화와 성과, 피드백을 얻을 수 있다. 그리고 그를 계기로 자신의 꿈이나 목표의 실현, 고민과 문제의 해결은 좋은 방향으로 흘러갈 것이다.

　걱정할 필요 없다. 이 책에서 성격이나 약한 의지와 상관없이 누구나 쉽게 움직일 수 있는 혹은 움직이고 싶어지는 방법을 소개하고 있다.

　'바로 행동하는 사람'은 매번 희망의 씨앗과 모종을 심고 있다. 그래서 그들은 매일 아침 희망과 함께 눈을 뜨고, 하루를 즐겁게 보내며 다가오는 내일도 기대하고 있는 것이다.
　부디 이 책에서 소개하는 방법을 활용하여 조금씩 착실하게 인생을 바꾸어 나가도록 하자.

　이 책이 당신의 이상적인 미래를 구체적으로 만들어나갈 수 있는 계기가 되길 바라며.

2021년 9월
오히라 노부타카

목차

KNOWLEDGE

GROWTH

PART

02 __ 놀라울 만큼 집중력이 계속된다!

'행동 브레이크'를 제거하는 방법

PLANNING

STRATEGY

행동의 '실마리'만 파악할 수 있다면

귀찮아하는 뇌를 움직일 수 있다.

미루는 습관이
사라진다!

행동의 '시작 속도'를
높이는 방법

무심코 일을 미루고 만다.

하고 싶은 일이 있지만 좀처럼 시작하기가 어렵다.

이런 상황이 계속되면 자신도 모르게 '나는 어째서 의지가 약한 걸까?', '나는 왜 이렇게 행동력이 없을까?'라며 스스로 탓하는 경우가 있다. 하지만 이것은 큰 착각이다.

〈시작하며〉에서도 살짝 언급했지만, 사실 여러분이 바로 움직일 수 없는 것은 못났기 때문도, 의지가 약하기 때문도 아니다. 여러분이 행동으로 옮기지 못하는 이유는 인간의 뇌 구조가 그렇게 되어있기 때문이다.

인간의 뇌는 생명을 유지하기 위해 목숨에 지장이 없는 한 되도록 변화를 피하고 현재 상태를 유지하려는 방어 본능이 작용하고 있다.

지금까지의 생활 습관이나 행동을 단숨에 바꿔 새로운 일을 시작하고자 할 때, 처음 며칠 동안은 의욕이나 근성으로 어떻게든 할 수 있다. 그러나 대부분은 오래 지속하지 못하고 작심 삼일로 끝내거나 리바운드 현상을 불러일으킨다.

이는 능력이나 성격, 의욕의 문제가 아니라 여러분의 행동을 억제하려고 하는 뇌의 방어 본능이 원인이다. 우리의 뇌는 엄청난 귀차니스트다. 뇌의 구조상 일을 한꺼번에 완벽히 완수하기는 쉽지 않은 것이다.

어쩌면 한술 더 떠서, '그렇다면 바로 행동하는 사람이 되기는 어렵지 않을까?'라는 생각에 불안해진 사람도 있을지 모른다. 하지만 안심해도 좋다.

우리의 뇌에는 '측좌핵'이라고 불리는 곳이 존재하는데, 측좌핵에서는 자극을 받으면 의욕을 고취하거나 즐거움을 느끼게 하는 '도파민'이라는 호르몬이 분비된다. 바로 이 도파민이 행동력의 근원이 된다. 그 스위치를 켜기만 하면 누구나 바로 움직일 수 있는 것이다.

여기에서 중요한 것은 측좌핵이라는 스위치는 자동으로 'ON'이 되지 않는다는 점이다. 다시 말해 '좋아, 해보자!'라고 의욕을 불태우는 것만으로는 스위치를 켤 수 없다.

또한 주변 사람들의 '힘내!', '응원하고 있어!'라는 격려나 '빨리해!', '왜 바로 시작하지 못하는 거야?'라는 질책에도 그 스위치는 켜지지 않는다.

그렇다면 어떻게 해야 할까?

측좌핵은 우리가 어떠한 행동을 시작하면 자극을 받아 도파민을 내뿜는다. '행동에 착수'함으로써 처음 스위치가 'ON'이 되는 것이다.

그렇다고는 하지만 '바로 행동에 옮기지 못해서 이 책을 읽고 있는 건데……'라며 다시 불안해지는 사람도 있을 것이다. 하지만 걱정할 필요 없다.

측좌핵의 스위치를 켜는 데 필요한 행동은 '아주 조금'뿐이어도 괜찮다.

게다가 뇌는 '가소성'이라는 성질을 갖추고 있다.

가소성이란 큰 변화는 받아들이지 못해 원래대로 되돌아가려고 하는 반면, 작은 변화는 받아들이는 뇌의 성질을 말한다.

즉 갑작스러운 큰 변화가 아니라 작은 액션부터 시작한다면 쉽게 귀찮음을 느끼고 변화를 싫어하는 뇌라도 대응할 수 있는 것이다.

그리고 그 작은 액션은 '공부할 책을 편다', '컴퓨터 전원을 켠다' 등 정말 사소한 것이라도 상관없다. 이런 액션이라면 누구라도 할 수 있기 때문이다.

일을 미루지 않고 '바로 행동하는 사람'이 되기 위해서는 '행동의 실마리', 즉 행동을 위한 첫발을 내딛는 것이 포인트다.

Part 01에서는 이런 사소한 액션을 활용해 행동의 시작 속도를 올려 바로 움직일 수 있도록 만드는 방법을 소개하려고 한다.

01

행동이 망설여질 때는
임시로 결정하고 행동한다

비록 임시일지라도 '지금은 이것'이라고 결정하고 움직인다.

생각한 대로 행동하지 못하는 사람들의 공통점 중 하나로 '확실하게 결정하고 행동하고 싶다', '실패하지 않도록 철저하게 계획을 세우고 싶다'라는 심리가 있다. 물론 아무런 생각 없이 준비도 소홀한 상태에서 행동하면 성과가 나는 일은 흔치 않다.

그러나 생각에만 지나치게 시간과 에너지를 쏟아붓고, 그냥 그걸로 끝나는 경우도 종종 있다. 너무나 안타까운 일이다.

'확실하게 계획을 세운 이후에 행동한다'라는 사고방식이 여러분을 움직일 수 없게 만드는 원인인 것이다.

바로 행동으로 옮기기 위해서는 '양' → '질'이라는 순서를 의식하는 것이 중요하다. 가장 먼저 '행동의 양'을 늘리는 것. 그 이후에 '행동의 질'을 향상하는 것이 포인트다.

바로 행동하지 못하는 사람의 대부분은 이 순서를 지키지 않는다. 행동의 양을 늘려야 하는 가장 첫 단계를 무시하고 갑자기 행동의 질을 추구하는 것이다. 아니면 행동의 양과 질을 동시에 추구하여 옴짝달싹 못 하게 되는 사람도 있다.

'바로 행동으로 옮기는 사람'이 되고 싶다면, '행동의 질'은 잠시 접어두고 '행동의 양'을 늘려야 한다는 사실을 명심하기 바란다. 이때 힘을 발휘하는 것이 '임시 결정과 임시 행동'이라는 방법이다.

예를 들어 근력 운동을 시작하고 싶다고 생각하지만 '피트니스에 다니는 것과 홈트레이닝 중 무엇이 좋을지 고민만 하고 있다', '운동복이나 신발을 준비해야 한다'라며 갈피를 잡지 못하는 사람은 일단 지금 자신이 가지고 있는 활동하기 좋은 옷으로 갈아입고 팔굽혀펴기나 복근 운동을 10회 아니면 5회만이라도 해 보자.

이것이 바로 임시 결정과 임시 행동이다.

이렇게 일단 해보면 '팔굽혀펴기를 10회도 못했다', '근육이 뻐근하고 아프다' 등 예상치 못한 결과가 나올지도 모른다.

당신은 이것을 실패라고 생각하는가?

이것은 실패가 아니다. 행동하고 얻은 성과이다.

팔굽혀펴기를 10회도 할 수 없었다면 일단 하루 3회부터 시작한다든가, 무릎을 붙인 상태로 팔굽혀펴기를 하는 등 자신에게 맞는 수준으로 조절하는 방법을 알 수 있다. 또한 근육이 뭉치고 고통스럽다면 방법이 잘못되었다는 것이므로 운동 방법을 정확하게 알려주는 트레이너를 찾아 피트니스에 다니는 것이 좋다. 임시 결정과 임시 행동을 해보고 최초의 기대나 예상과 다른 성과가 나온 경우 행동 방향을 수정하면 되는 것이다.

행동의 첫발을 내디딘다면 측좌핵이 자극을 받아 도파민이 나오면서 다양한 반응과 피부로 느낄 수 있는 피드백을 얻을 수 있기 때문에, 앞으로 어떻게 할 것인지 쉽게 결단 내릴 수 있다.

익숙하지 않은 동안에는 주저하게 되는 경우도 있을지 모르지만 일단 한번 시도해보면 만약 잘 안 되더라도 의외로 타격이 크지 않다는 것을 알 수 있다. 그것만 인지하고 있으면 다음은 망설이지 않고 행동할 수 있다.

'너무 생각이 많아 아무것도 할 수 없다'라는 부정의 소용돌이로부터 탈피하기 위해 임시로 결정하고 임시로 행동하는 자세를 실천해 보자.

Point!

일이 잘 풀리지 않는 것은
실패가 아닌
'행동하고 얻은 성과'라고 생각한다.

02

첫걸음이 힘들 때는
10초만 움직여본다

매일 아침의 러닝이나 자격시험 공부 등 새롭게 시작하고 싶은 일이 있지만 도저히 첫걸음을 내디딜 수 없다. 앞에서 언급했던 '임시 결정과 임시 행동'을 하려고 해도 몸이 움직여주지 않는다.

이런 경우에는 가장 첫 단계의 허들을 끝까지 낮추는 것이 효과적이다.

구체적으로 우선 10초 만에 할 수 있는 일부터 시범 삼아 움직여보는 것이다. 이 책에서는 그것을 '10초 액션'이라고 부른다. 10초 액션이란, 글자 그대로 '10초가 있다면 할 수 있는 구체적인 행동'을 의미한다.

예를 들어 러닝을 시작하고 싶지만 좀처럼 몸이 움직이지 않는다면 '가장 처음의 10초에는 무엇을 할까?'를 고민하고 그 행동만 실행하는 것이다. 구체적으로 '운동화 신기', '운동복으로 갈아입기' 등이 있다.

공부의 경우에는 '책 펴기', 아침 일찍 일어나기를 원한다면 '잠자기 전 알람 설정', 성가신 업무라면 '사용하는 프로그램 켜기'와 같은 이미지다.

오직 이것만으로도 극적인 변화가 찾아온다.

이러한 행동이 엄청난 변화로 이어지는 까닭은 무엇일까?

10초 동안 할 수 있는 액션은 분명 매우 사소하다. 만약 지방으로 이사하고 싶다고 계속 생각만 하고, 아무런 행동도 취하지 않고 있다고 가정하자. 이 경우, 10초 안에 가능한 액션은 '인터넷으로 이사하고 싶은 후보지를 조사한다'라고 메모하거나 실제로 지방으로 이사한 지인이나 친구를 나열해 보는 것 정도이다.

그러나 10초 액션 단계에서는 그 누구도 실패하지 않는다. '실패하지 않기' 때문에 비로소 다음 행동으로 연결될 수 있는 것이다.

10초 동안 시행해 보고 매끄럽게 진행되었다면 그대로 계속

이어가자. 10초 액션을 계기로 이후 공부나 러닝, 근력 운동, 업무, 정리 등을 15분, 30분 동안 지속하게 되었다는 이야기는 자주 들을 수 있다.

10초 액션의 효과는 뇌 과학적으로 증명되었다.

앞에서 서술한 것처럼 인간의 뇌에는 생명 유지를 위해 가능한 변화를 피하고 현재 상태를 유지하려는 방어 본능이 작용하고 있다.

그러나 뇌에는 '가소성'이라는 성질이 있어 아주 조금씩이라면 변화를 받아들일 수 있다.

다시 말해 10초 정도의 작은 행동이라면 뇌는 변화에 대응할 수 있다.

그래서 10초 액션이라는 작은 한 걸음만으로도 측좌핵을 자극하는 효과가 있는 것이다.

의욕이 불타오르기를 기다린다고 해도 영원히 행동하기란 불가능하다. '일단 행동'하면 의욕은 그 후에 따라오는 것이다.

Point!

'의욕'은 하늘에서 떨어지지 않는다.

03

성가신 일은
미리 손을 봐둔다

<전날 퇴근하면서>

영수증을 제일
눈에 잘 띄는 곳에!

<다음 날>

바로바로
움직일 수 있다.

이런 사람에게 추천

• 머리를 쓰는 업무가 많은 사람
• 일을 시작하는 데 시간이 걸리는 사람

바로 행동하는 비법

미리 살짝 손을 써두어 귀찮아하는 뇌에 '모르는 것'을
'이미 아는 것'이라고 생각하게 만든다.

경비 정산 등의 사무 업무나 문제의 보고, 공부, 방 정리 등 무심코 미루게 되는 귀찮은 일들을 끌어안고 있지는 않은가?

이런 일들을 미루지 않고 끝까지 해낼 수 있는 포인트는 바로 '전날'에 있다. 업무 같은 경우에는 전날 일이 끝난 후에 사적인 일이라면 잠자리에 들기 전에 조금이라도 미리 시작하거나 준비해두는 것이다.

경비 정산 업무를 예로 들면, 전날 일이 끝난 후에 정산해야 할 첫 항목을 미리 입력해두거나 영수증을 정리해 책상 서랍의 가장 눈에 잘 띄는 위치에 넣어 놓고 퇴근하는 것이다.

또 업무 중 발생한 문제를 보고해야 한다면 일단 상사와의

약속을 잡는다.

자격시험을 공부해야 한다면 책상 위에 책을 펴고 옆에 필기구를 올려 둔 상태로 잠자리에 든다. 방을 정리해야 한다면 전날 밤에 불필요한 물건 두세 개를 미리 버리거나 정리해야 하는 방을 청소하기 쉽도록 사전에 조금 치워둔다.

단지 이것만으로도 미루기 쉬운 일에 쉽게 착수할 수 있다.

이 방법은 머리를 쓰는 복잡한 업무나 지금까지 경험한 적이 없는 신규 안건에 대응할 때도 효과를 발휘한다.

기획이나 전략의 구상이라면 넣고 싶은 사항을 메모하거나 참고가 되는 과거 자료를 찾고, 개요를 작성하기 위한 새로운 파일을 만들어 컴퓨터 바탕화면에 저장하는 등의 준비를 할 수 있다.

'단지 그것만으로?'라며 신기하게 생각할지도 모르지만, 이것만으로도 행동할 수 있는 두 가지 이유가 있다.

첫째, 행동에 대한 허들이 낮아지기 때문이다.

이는 앞에서 언급한 '10초 액션'과 마찬가지로, 아주 조금이라도 행동해 둠으로써 '모르는 것'이 익숙하지 않은 뇌에게 그 행동을 '이미 아는 것'이라고 생각하게 만드는 것이다. 그렇게 하면 현재 상태를 유지하려고 하는 뇌의 방어 본능을 거스르지 않을 수 있게 된다.

둘째, 물리적 접근 시간이 짧아지기 때문이다.

사전 준비가 끝난 상태라면 망설임 없이 움직일 수 있다. '귀찮은데……', '역시 오늘은 그만할까' 등 불필요한 생각을 하기 전에 움직이므로 미루는 습관이 현격히 줄어든다.

게다가 살짝 맛을 본 이후에 잠자리에 들면 아이디어가 깊어지거나 새로운 아이디어가 떠오르는 경우도 있다.

뇌는 잠자는 동안 그날 보고 들은 정보를 정리한다. 그 과정에서 지금까지 저장한 정보나 기억을 불러오는 경우가 있어, 그 기억들이 연결되면서 생각지도 못했던 아이디어가 탄생하게 되는 것이다.

전날 미리 살짝 손을 써두는 것은 행동력을 강화하는 것 이외에도 이점이 있다. 간단히 할 수 있으므로 꼭 한번 실천해보기 바란다.

Point!

업무가 끝난 후 작은 수고를 투자하면
다음 날의 행동이 크게 달라질 수 있다.

04

같은 장소에서
같은 일을 한다

생각이 필요한 업무는 카페에서.

약속 일정 잡기는 빈 회의실에서.

루틴 업무는 자신의 자리에서.

필자는 최근 7년간 집에서 책을 집필하지 않았다. 지금 이 책의 원고 또한 집 근처의 카페에서 쓰고 있다. 참고로 이 카페에서는 집필 이외의 일은 절대 하지 않는다.

이를 스스로 철저하게 지키는 이유는 집필을 미루지 않기 위해서다.

필자는 현재 코칭 활동, 프로 코치 양성 학교 운영, 집필이라는 크게 세 가지 일을 하고 있다. 그래서 자택의 업무 공간에는 관련 자료가 굉장히 많다. 그것들이 한 번 눈에 들어오기 시작하면 계속 신경이 쓰여 도저히 집필에 착수할 수 없기 때문에 무심코 미루게 된다.

하지만 원고의 마감은 기다려주지 않는다.

그래서 집 근처의 카페에서 집필해야겠다는 아이디어를 떠올린 것이다.

여기에는 확실한 근거가 있다.

같은 장소에서 같은 일을 하면 '카페에 가면 집필 작업을 한다'라는 인식이 뇌에 서서히 자리 잡게 된다. 그리고 같은 행동을 반복할수록 그 각인은 점점 강화된다.

그래서 카페에 도착하면 바로 뇌가 집필 모드로 바뀌기 때문에 매끄럽게 일을 할 수 있게 되는 것이다.

참고로 카페에 갈 때는 컴퓨터나 관련 자료 등 집필에 필요한 물건 이외에는 절대 가지고 가지 않는다. 집필 이외의 다른 일이 불가능한 상태로 만들어야 집필에 더욱 집중할 수 있기 때문이다.

심리학에서는 이 효과를 '앵커링(조건부) 효과'라고 부른다.

이 조건 반사 상태를 만들기 위해서라도, 아무런 계획 없이 그때그때 하는 것이 아니라 '이 장소에서는 이 일을 한다'라고 정하여 최대한 실행해 보자.

무심코 미루게 되는 업무, 좀처럼 집중할 수 없는 업무는 누구에게나 존재한다.

그러므로 '기획과 같이 집중력이 필요한 업무는 마음에 드는 카페에서만 한다', '약속 일정을 잡는 업무는 사용하지 않는 회의실에서 한다', '루틴 업무는 자신의 자리에서 한다' 등으로 정하고, 이러한 '나만의 규칙'을 가능한 지킬 수 있도록 노력한다.

물론 이러한 방법은 재택근무를 하는 사람도 활용할 수 있다. '집에서 특히 집중할 수 있는 침실의 책상에서는 기획 구성 등 머리를 쓰는 업무만 한다', '유튜브를 보며 편히 쉬는 건 소파에서 한다', '사무 작업은 식탁에서 한다' 등 집 안을 몇 개의 구역으로 나누어 생각하면 좋다.

또한 앵커링 효과는 장소뿐만 아니라 '시간'에도 유효하다. 그러므로 '기획 입안은 평일 오전 중, 회사 근처의 카페에서 한다'와 같이 시간대도 정하면 더욱 효과를 높일 수 있다.

이처럼 '앵커링(anchoring, 닻)'을 활용하여 장소와 업무를 연결하는 것만으로도 무심코 미루기 쉬웠던 업무를 순조롭게 진행할 수 있게 된다.

누구나 간단히 할 수 있는 방법이므로 꼭 한번 시도해보는 것을 추천한다.

Point!

특정 업무와 장소를 연결 지어
루틴으로 만든다.

05

새로운 습관을 원하면
이미 정착된 습관에 살짝 덧붙인다

앵커링 효과를 활용할 수 있는 상황은 '장소'와 '시간'뿐만이 아니다. 공부나 독서, 일기, 스트레칭, 산책, 근력 운동 등 습관화하고 싶지만 마음처럼 되지 않는 행동을 습관으로 만드는 데도 도움이 된다.

구체적으로 '양치 후→스쾃 1회' 혹은 '아침 커피를 마신 후→일기장 펴기', '출근길 지하철에서는→독서'와 같이 이미 몸에 밴 습관의 직후에 '새롭게 습관으로 만들고 싶은 행동'을 덧붙이면 되는 것이다.

새로운 습관을 '제로(0)'부터 몸에 길들이는 것이 아니라, 이미 습관이 되어 있는 것의 기세를 빌려 행동을 개시할 수 있기 때문에 비교적 쉽게 정착할 수 있다.

포인트는 이미 습관인 행동의 끝과 앞으로 습관으로 만들고 싶은 것의 가장 첫 행동을 명확히 구분하는 것이다. 예를 들어 단순하게 '양치를 끝낸 후 스쾃을 한다'가 아니라 '칫솔을 제자리에 놓으면 바로 스쾃 1회를 한다'라는 식이다.

처음에는 위화감이 들지도 모르지만, 어느 정도 계속하면 양치 후에 자연스럽게 스쾃을 하는 상태가 되고, 오히려 스쾃을 하지 않으면 어딘가 허전한 느낌이 들 수도 있다.

Point!

습관을 '제로'부터 만들 필요가
없다는 사실을 깨달으면
행동의 허들은 낮아진다.

06

마음이 내키지 않는다면
일단 몸을 움직인다

오늘 안에 올려야만 하는 출장 보고서가 있지만 어쩐지 할 마음이 생기지 않는다.

A는 고개를 숙이고 한숨을 내쉬었다.
B는 눈을 크게 뜨고 위를 향해 '좋았어!'라며 파이팅하는 포즈를 취했다.

자, 누가 먼저 보고서 작성에 착수할 수 있을까?

아마 B라고 대답하는 사람이 많을 것이다. 바로 그거다.
'풀이 죽어 있다', '침울하다', '울적하다'라는 저기압의 감정 상태보다 '기분이 좋다', '의욕이 불타오른다', '흥분된다' 등 감정이 고조된 상태에서 더 쉽게 행동으로 옮길 수 있다.

왜냐하면 지금까지 설명한 것처럼 그렇게 해야 행동력의 근원이 되는 도파민이 분비되기 때문이다.

사실 감정은 아주 사소한 일로도 쉽게 고조될 수 있다. 감정은 간단하게 끌어올릴 수 있는 만큼 떨어지기도 매우 쉽지만, '해야만 하는 일이 있는데도 마음이 내키지 않는' 경우에는 일시적으로 감정을 고조시키는 것이 행동의 시작 속도를 올리는 데 효과적이다.

도파민을 분비하여 감정을 끌어올릴 수 있는 가장 손쉬운 방법은 '아자! 아자!' 등 소리치면서 주먹을 높이 들어 올리는 것이다. 다만 이러한 행동은 회사 등의 장소에서 시행하기에는 장벽이 꽤 높다. 하지만 안심하기 바란다. 아주 조금만 몸을 움직여주면 도파민을 분비할 수 있기 때문이다.

예를 들어 다음과 같은 느낌이다.

• 등을 쭉 편다.
• 바르게 고쳐 앉고 자세를 똑바로 한다.

- 어깨를 돌린다.
- 까치발을 한다.
- 제자리에서 가볍게 점프한다.
- 뺨, 어깨, 팔, 허벅지 등 자신의 신체 일부분을 두드린다.

어떠한가? 이와 같은 행동이라면 언제, 어디에서나 손쉽게 할 수 있을 것이다.

재택근무 등으로 주변에 사람이 없고 어느 정도 공간도 확보할 수 있다면 30초간 빠른 속도로 무릎 들어 올리기를 하는 것도 좋다. 그 밖에도 회사 안에서 계단으로 이동하거나 커피를 사러 나가는 방법도 효과적이다. 참고로 커피에 함유된 카페인도 도파민의 방출을 촉진하는 효과가 있다고 확인되었다.

왠지 모르게 할 마음이 생기지 않는다면 무리하게 기합을 넣는 것이 아니라 몸을 조금씩 움직여보기 바란다. 이를 습관으로 만드는 것만으로도 행동력은 크게 달라질 것이다.

Point!

일단 스스로
감정을 끌어올린다.

아침 시간을 활용하는 방법을 연구하여
하루 '시작하는 속도'를 높인다

이른 아침부터 가족과 말싸움을 한 날은 업무를 하면서도 기
분이 썩 좋지 않다. 늦잠을 자서 허둥지둥한 아침에는 평소에
관심이 없던 사소한 것에도 신경을 곤두세우게 된다.

'오늘은 휴가를 내고 싶다'라는 생각이 드는 날은 매일 하던
업무라도 평소보다 더 피곤하다.

누구나 이러한 경험을 한 적이 있을 것이다. 여기에는 심리
학적인 이유가 있다.

혹시 '기분 일치 효과'라는 말을 들어본 적이 있는가?

이는 심리학에서 사용하는 표현으로 기분이 좋을 때는 상황
의 긍정적인 측면을 보기 쉽고, 반대로 기분이 나쁠 때는 상황
의 부정적인 측면을 보기 쉽다는 것이다.

다시 말해 하루를 기분 좋게 시작한다면 그날 어떠한 문제가 발생하더라도 빠르게 평정심을 되찾을 수 있으며, 사고도 긍정적으로 바뀌어 상황이나 사람에 유연하게 대응할 수 있게 된다.

아침을 보내는 방법이 하루의 행동을 결정하는 매우 중요한 요소인 것이다.

아침에 일어나 업무를 시작하기 전까지의 시간에 기대하는 일 혹은 자신을 기분 좋게 하는 일을 루틴으로 만들어 보자.

'천천히 커피를 음미한다', '아침 식사로 좋아하는 음식을 먹는다', '산책을 한다', '요가나 스트레칭을 한다', '좋아하는 음악을 듣는다', '명상을 한다', '청소를 한다' 등 무엇이든 상관없다.

포인트는 '아침 시간에 무엇을 할지'를 미리 정해두는 것이다. 자신이 좋아하는 일이므로 하루의 루틴으로 포함시키면 간단히 습관으로 만들 수 있다.

게다가 일어난 후의 몇 시간은 머리가 매우 잘 돌아가는 상태이기 때문에 쉽게 집중할 수 있어 뇌의 골든 타임이라고도 부른다. 여유가 있을 때는 기획이나 전력 구상, 공부 등 집중력을 필요로 하는 일에 몰두하는 것도 추천한다.

또한 회사에 도착한 이후의 행동도 루틴으로 만들어 두면 '기분 일치 효과'의 이점을 누릴 수 있다.

예를 들어 뜬금없이 메일 확인부터 시작하는 것이 아니라 '책상 위를 깨끗하게 닦는다', '쓰레기통을 비운다', '커피를 내린다', '기지개를 크게 켜고 심호흡을 한다' 등 기분을 좋게 하는 아주 사소한 행동을 습관으로 만드는 것이 좋다.

타성에 젖어 '하행' 에스컬레이터에 타지 말고, 아침 루틴을 활용하여 '상행' 에스컬레이터에 올라 하루를 기분 좋게 시작하는 것도 '바로 행동하는 사람'이 되기 위한 유효한 기술 중 하나다.

PLANNING

집중력을 앗아가는

'행동 브레이크'는 곳곳에 숨어 있다.

놀라울 만큼
집중력이 계속된다!

EXPERIENCE

'행동 브레이크'를
제거하는 방법

집중해서 일을 하고 있었는데 누군가 말을 걸어온다.

해야 할 일이 너무 많아 어디부터 손을 대야 할지 알지 못한 채로 사고가 정지되어 버렸다.

예상치 못한 문제가 발생하여 패닉에 빠지고 말았다.

이런 일이 있으면 집중력을 빼앗기고 계획한 대로 행동할 수 없게 된다. 사실 우리의 일상에는 이와 같은 '행동 브레이크'가 매우 많이 숨어 있다.

예를 들어 오늘 집에서 자전거로 30분 정도 떨어진 공원에 가서 러닝을 할 계획이었다고 가정하자. 하지만 집을 나서자마자 자전거 바퀴에 구멍이 나고 말았다. 이 상태로는 도저히 공원에 갈 수 없다. 근처에 있는 자전거 수리점에 전화했지만 하필 오늘 임시 휴업이다. 결국 그날 하루는 뒹굴뒹굴 TV를 보며 시간을 보내고 말았다.

이처럼 예상하지 못한 문제가 거듭 발생하는 경우도 행동을 방해하는 요인이 된다.

이때 '행동 브레이크'를 제거하기 위한 방법으로 아래와 같은 두 가지 방법이 있다.

① 원인을 특정하여 방해 요인을 배제한다.
② 목적에 집중하여 방해 요인의 영향을 줄인다.

앞의 자전거 예시에서 자전거 수리점이 휴일이라 바퀴의 구멍을 수리할 수 없다면 버스나 지하철, 택시 등 다른 수단을 이용해 공원에 가면 된다.

이것이 '① 원인을 특정하여 방해 요인을 배제한다'라는 접근의 구체적인 사례다.

그렇다면 '② 방해 요인의 영향을 줄인다'라는 접근의 경우 어떻게 하면 될까?

우선 공원에 가는 원래 목적이 무엇이었는지 떠올린다.

목적은 러닝을 하기 위해서였다.

그렇다면 가까운 곳을 달리면 목적은 달성할 수 있다. 아니면 인터넷으로 러닝할 만한 근처의 공원을 찾는 것도 방법이다.

'그렇구나', '그건 그렇네'라고 생각하는 사람도 있을 것이고 '그건 당연한 거 아니야?'라고 생각하는 사람도 있을 것이다.

하지만 이것이 매일의 행동과 생활, 업무가 된다고 생각하면 어떠한가?

너무나 당연하지만 할 수 없는 이유는 대안을 준비하지 않았기 때문이다. 지식으로서는 알고 있어도 그것을 활용할 수 있도록 준비하지 않으면 아무런 도움이 되지 않는다.

'방해되는 일이 생긴 탓에 끝까지 마무리하지 못했다', '시간이 부족해 할 수 없었다', '꼭 해야만 하는 다른 일이 생겼다', '오늘은 너무 피곤해서 무리였다', '딱히 오늘 하지 않아도 괜찮을 것이다' 등 이유를 만들어 스스로 행동을 멈추고 있지는 않은가?

우리의 집중력을 앗아가는 '행동 브레이크'는 방법만 알고 있다면 간단히 제거할 수 있다.

이번 Part에서는 우리의 주변에 숨어 있는 '행동 브레이크'를 없애기 위한 간단하고 효과적인 방법을 전달한다.

07

책상 위 물건의 위치를
명확하게 지정한다

이런 사람에게 추천

• 물건을 찾는 일이 많은 사람
• 당장 사용하지 않는 물건을 책상 위에 놓아둔 사람

바로 행동하는 비법

가장 자주 사용하는 물건 5개의 고정 위치를 지정한다.

겨우 할 마음이 생겼는데 필요한 책이 보이지 않는다. 가위를 찾다가 아직 처리하지 못한 서류들이 눈에 밟혀 지금 해야 하는 일에 착수할 수 없었다. 자료를 찾는 데 시간이 너무 지체되어 기획서를 작성할 시간이 줄어들었다.

1년 동안 직장인이 물건을 찾는 데 소비하는 시간은 무려 150시간이라는 데이터가 있다. 한 달에 20일 근무한다면 물건을 찾는 데 하루 평균 37분 30초나 허비한다는 계산이 된다. 게다가 잃어버린 물건으로 인해 초조함이나 조바심 등이 생겨나 감정이 흐트러지면서 집중력을 빼앗기기 때문에 행동에 지장을 주는 원인이 된다. 물건을 찾는 수고와 시간을 확 줄일 수 있다면 행동으로도 쉽게 착수할 수 있고 집중력을 빼앗기는 일도 줄어들 것이다. 그러므로 책상 위는 반드시 정리 정돈하도록 하자.

하지만 이것도 '제대로' 하려고 하면 좀처럼 손을 대기가 어렵다. 그렇기 때문에 우선 책상 위나 서랍에 있는 문구, 서류 등의 물건 가운데 사용 빈도가 높은 물건부터 고정 위치를 지정하는 것이 좋다. 사용 빈도가 높은 물건들만 정리하는 것이라면 그렇게 크게 부담되지 않을 것이다.

또 단순히 정리만 한다면 눈 깜짝할 사이에 원상 복구될 테지만, 물건의 고정 위치를 지정하면 '사용 후 제자리에 되돌려 놓는 것' 뿐이기에 다시 어지럽혀지는 것도 방지할 수 있다.

Point!

‘물건을 찾느라 허비하는 시간을
줄이고 싶다’라는 생각에
모든 물건을 한꺼번에 정리하려고 하지 않는다.

08

한 달에 한 번
컴퓨터 바탕화면을 정리한다

물건뿐만 아니라 컴퓨터 데이터 파일이 갈 곳을 잃은 경우도 집중력 저하와 짜증의 원인이 된다.

작성 중인 보고서나 청구서, 혹시 몰라 백업해둔 데이터, 덮어쓰기 전의 서류, 다운로드 자료나 이미지 파일, 언제 받았는지도 모르는 파일 등으로 컴퓨터 바탕화면이 너저분하게 뒤섞여 있지는 않은가?

바탕화면이 지저분하면 시야에 쓸모없는 것들이 들어와 한 번에 필요한 파일을 찾지 못하거나 집중력이 흐트러져 좀처럼 해야 할 일에 착수할 수 없는 경우가 증가한다. 게다가 바탕화면이 어지럽혀져 있을 때는 대부분 마감에 쫓겨 시간도, 마음도 여유가 없는 경우가 많다. 이럴 때는 마음이 심란해지기 때문에 더욱 집중력이 저하된다.

이건 개인적인 생각이지만 '도저히 움직일 수 없어 곤란'하다고 말하는 사람은 책상 위가 어지럽혀져 있을 뿐 아니라, 컴퓨터 바탕화면도 아이콘으로 **빽빽**하게 가득하여 어떤 파일이 어디에 있는지 알지 못하는 상태인 경우가 많다.

물건을 찾는 것과 마찬가지로 컴퓨터 바탕화면에서 필요한 파일을 찾는 데도 1년으로 환산하면 적지 않은 시간을 소비하고 있는 것이다.

컴퓨터 바탕화면도 책상처럼 정리 정돈을 하자.

정리 방법은 다음과 같다.

우선 한 달에 한 번 정도 바탕화면을 정리하는 날을 정한다. 월말이나 월초 등 날을 정해 달력이나 일정표에 기입하는 것이다.

그리고 불필요한 파일과 폴더를 삭제하고, 다음과 같은 5개의 폴더를 생성한다.

① 보존 및 참고용
② 완료(추후 사용할 가능성은 낮지만 지금 당장 삭제할 수 없는 자료)
③ 이번 주 필요한 자료

④ 이번 주에는 사용하지 않지만 현재 진행 중인 업무

⑤ ①~④에 해당하지 않는 자료

이 중에 '③이번 주 필요한 자료'만 바탕화면에 두고, 나머지 4개의 폴더는 '컴퓨터 D 드라이브'나 '외장하드', '클라우드' 등 바탕화면이 아닌 다른 곳에 저장한다. 이들은 백업을 위해 2개의 위치에 보관하는 것이 좋다.

포인트는 '⑤ ①~④에 해당하지 않는 자료'다.

이 폴더에는 지울 수는 없지만 ①~④에 해당하지 않는 파일이나 폴더를 넣는다. 한 달에 한 번 바탕화면을 정리할 때, '2022년 2월'처럼 이름이 '연도-월'인 폴더를 만들어 그에 해당하는 파일이나 폴더를 전부 이동시켜 ⑤의 폴더에 넣는다.

이렇게 매월 정리하면 폴더 안에 있는 데이터가 필요해졌을 때도 쉽게 찾을 수 있다.

실제로 컴퓨터 바탕화면만 정리해도 집중력은 현격히 높아진다. 월 1회, 몇십 분만 있으면 할 수 있으므로 꼭 한 번 실천해보기 바란다.

Point!

현재 사용하지 않는 파일은
데스크톱 이외의 공간으로 이동한다.

09

잠시 업무를 중단하게 됐다면
해야 할 일을 메모한다

이런 사람에게 추천

• 방문객이나 걸려오는 전화가 많은 사람
• 바짝 업무에 집중하고 싶은 사람

바로 행동하는 비법

해야 할 일을 적을 접착 메모지를 준비한다.

한창 일에 집중하고 있을 때 말을 걸어온다.

꼭 바쁠 때만 갑작스럽게 고객이 방문하거나 전화가 와서 어쩔 수 없이 작업을 중단했다.

점심시간이 지나니 도저히 일에 집중할 수가 없다.

집중력은 도중에 한 번 끊어지면 좀처럼 원래대로 돌아오지 않는다. 작업을 다시 시작하려고 해도 자신도 모르게 인터넷 뉴스를 보거나 새로운 메일이 없는지 확인하는 등 이런 경험이 있는 사람도 많을 것이다.

사실 중단한 업무를 매끄럽게 재개하기 위한 비법이 있다.

바로 일을 다시 시작한 후의 가장 첫 업무를 미리 메모해두는 것이다. 이렇게 간단한 방법으로 작업을 재개할 때 순식간에 집중력을 되돌릴 수 있다.

여기에는 이유가 있다. 우리가 한 번 작업을 중단하면 바로 집중할 수 없는 이유는 '재개 시 가장 먼저 무엇을 해야 할지'가 명확하지 않기 때문이다.

특히 한 가지 작업만 계속하는 경우가 드문 사무직 종사자는 동시에 병행해야만 하는 여러 업무를 끌어안고 있을 때가 많다. 따라서 작업이 도중에 중단되면 '무엇부터 재개해야 하는가?'라며 길을 잃고 마는 것이다.

이러한 방황이 집중력의 결여로 이어진다.

다르게 말해 만약 도중에 멈추더라도 '다시 시작하면 ○○를 한다'라는 명확한 지시(command)를 미리 내리면 헤매지 않고 작업으로 되돌아갈 수 있는 확률이 높아진다.

어떠한 이유로 업무를 중단하게 되었다면 다시 시작했을 때 해야 할 일을 메모로 남겨두는 것이 좋다.

필자는 이 메모를 '10초 지시 메모'라고 부르고 있다.

'10초 지시 메모'의 효과는 뇌 과학적으로도 증명되었다. 이 메모에 따라 움직이면 '측좌핵'을 자극할 수 있기 때문이다.

앞에서 서술한 것처럼 측좌핵을 자극하여 도파민을 방출하는 방법은 '일단 움직이는 것'이다. 이는 중단된 작업을 재개할 때도 마찬가지이다.

참고로 이 메모의 작성 방법에는 비법이 있다.

'지금 바로 책상 위의 서류를 본다.'
'지금 바로 A에게 메일을 회신한다.'
'지금 바로 ○○쪽을 읽는다.'

이처럼 '지금 바로 ○○를 한다'라는 형태로 메모하는 것이다. 그러면 도중에 멈추게 되더라도 업무나 작업을 쉽게 재개할 수 있다.

그리고 '10초 지시 메모'는 컴퓨터 마우스 위나 모니터 등 자리로 돌아왔을 때 바로 눈에 들어오는 장소에 붙여두는 것을 추천한다.
평소에 컴퓨터를 사용하지 않는다면 책상이나 작업대의 정중앙, 데스크 매트 등 알기 쉬운 곳에 메모를 남겨두자.

Point!

헤매는 일을 없애기 위해
'10초 지시 메모' 하나를 준비한다.

10

업무가 끝나면
내일 일을 예상해 메모한다

① 내일의 일정을 확인한다.

음, 그러니까  내일은….

② 이상적인 모습

기획서 완성!

③ 세 가지 핵심 액션을 적는다.

1. 이전 기획서를 확인한다.
2. 대략적인 초안을 작성한다.
3. 자료를 찾는다.

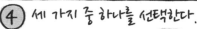

④ 세 가지 중 하나를 선택한다.

2를 하자!

아침에 출근하면 일이 어느 정도 궤도에 오르기까지 시간이 걸릴 때가 있지 않은가?

'자, 그럼 오늘은 어떤 일부터 시작할까?', '그러고 보니 오늘이 마감인 안건이 있었다', '어제 하던 업무는 어떻게 하지?'라며 망설이다가 정신을 차려보니 30분이나 지나가 버린 경험도 있을 것이다.

일에 착수하는 데 시간이 걸리는 이유는 무엇을 해야 하는지가 명확하게 정해져 있지 않기 때문이다. 머릿속에서 방황하고 고민하다가 시간만 흐르는 것이다.

이를 피하기 위해서는 전날에 미리 다음 날 아침 가장 먼저 해야 할 일을 구체적으로 메모하는 것이 효율적이다. 필자는 이를 '아침 첫 번째 지시 메모'라고 부른다.

하루의 업무를 마무리할 때는 체력적으로 피곤하긴 하지만 아직 업무 모드가 유지되고 있는 상태다. 그 상태에서 일정을 확인하고 내일 하루의 흐름을 시뮬레이션하는 것이다.

그리고 내일의 핵심 액션 세 가지를 정해둔다.

그러면 다음 날 아침 업무를 시작할 때, 세 가지 핵심 액션 중 하나를 선택하여 실행만 하면 되기 때문에 일에 착수하기가 매우 순조로워진다.

구체적으로는 다음과 같다.

STEP 1
업무가 끝나면 '내일 일정'을 확인한다.

↓

STEP 2
'다음 날 업무 목표'를 정한다.

↓

STEP 3
목표 실현을 위한 세 가지 '핵심 액션'을 임시로 결정한다.

↓

STEP 4
다음 날 업무를 시작할 때 세 가지 핵심 액션 중 하나를 선택하여 일단 착수한다.

〈STEP 1〉에서는 내일 해야 할 일이나 몰두하고 싶은 일, 회의, 상담, 마감 등을 확인한다.

그리고 〈STEP 2〉에서 '내일 업무의 목표는?', '내일을 최고의 하루로 만들기 위해 어떻게 하고 싶은가?' 등 스스로에게 질문한다.

예를 들어 '기획서를 완성한다, 계약 1건을 체결한다, 현안 사항을 정리한다, 부하와의 의사소통을 명확히 한다' 등 상황에 따라 나올 수 있는 답은 달라진다.

〈STEP 3〉에서는 〈STEP 2〉의 실현을 위한 세 가지 핵심 액션을 정하여 메모한다.

예를 들어 계속 미루고 있던 기획서의 완성이 다음 날의 가장 큰 성과라면 '참고가 되는 과거 기획서를 읽는다', '15분 만에 대략적인 초안을 작성한다', '참고할 만한 자료를 찾는다' 등이 〈STEP 3〉에 해당한다.

이렇게 해두면 다음 날 아침에 순조롭게 업무에 착수할 수 있다. 이러한 '3단계'의 흐름은 업무를 마무리하고 몇 분 안에 가능하다.

그리고 다음 날 아침, 〈STEP 4. 다음 날 업무를 시작할 때 세 가지 핵심 액션 중 하나를 선택하여 일단 착수한다〉부터 시작하면 된다.

　미리 해야 할 일을 정해두면 헤매지 않고 일에 착수할 수 있다. 만약 계획대로 잘 이행하지 못했다면 나머지 핵심 액션 중 아무것에나 착수하면 된다.
　사전에 여러 가지 액션 플랜을 준비한다면 하나가 잘 진행되지 않았을 때 업무가 중단되는 사태를 방지할 수 있다.

Point!

다음 날 업무의 좋고 나쁨은
전날의 아주 작은 준비로 결정된다.

11

집중할 수 없을 때는 일단 종이에 적는다

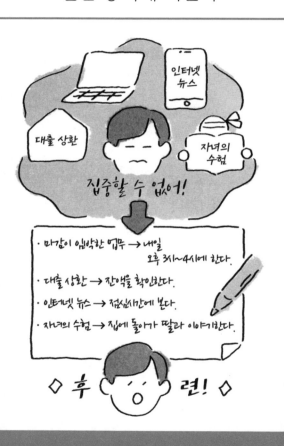

메일의 회신, 제출 기한이 다가오는 서류의 작성, 컨디션, 주말에 있는 행사, 자녀의 수험, 대출 상환, 응원하는 팀의 시합 결과, 매일 매일의 뉴스 등 신경 쓰이는 일이 너무 많아 지금 해야 하는 일에 집중할 수 없는 경우가 있지 않은가?

'멀티태스킹'이라는 단어가 있지만, 엄밀히 말하면 사람은 한 번에 한 가지 일밖에 생각할 수 없다. 해야 할 일들로 머릿속이 꽉 차 있으면 일반적으로 눈앞의 일에 집중할 수가 없다.

이럴 때는 신경 쓰고 있는 일을 전부 종이에 써 보는 것을 추천한다.

머릿속이 빼곡하게 가득한 상태에서는 처리하기 어렵지만 그것이 '가시화'된다면 놀라울 정도로 다루기 쉬워진다.

순서는 다음과 같은 2단계로 구분된다.

STEP 1

'신경 쓰이는 일'을 생각나는 대로 종이에 적는다.

↓

STEP 2

작성한 종이를 보면서 각 사항에 관한 대책을 하나씩 메모한다.

예를 들어 이런 식이다.

- 다음 달 점심 식사 예약→이번 주에 조사하여 후보지 세 곳을 선택하기
- 깜빡 잊은 메일의 회신→오후에 정리하여 회신하기
- 대출 상환→은행 계좌의 잔액을 확인하기
- 회의실 예약→오후에 메일 회신 전 예약하기
- 좋지 않은 컨디션→오늘 밤에는 10시 전에 잠자리에 들기
- 자꾸만 궁금해지는 뉴스→점심시간에 스마트폰으로 확인하기

이렇게 마음에 두고 있는 일들을 문자로 적으면 머릿속에서만 추상적으로 생각하던 것들이 가시화되므로, 생각을 정리할

수 있어 깜짝 놀랄 만큼 머릿속이 개운해진다.

게다가 자신이 적은 메모를 꾸준히 지켜보면서 자신의 생각이나 감정, 상황, 행동을 객관적으로 분석할 수 있다.

심리학에서는 이를 '메타 인지'라고 부른다. 메타 인지란 자신이 상황을 인지하고 있다는 것을 객관적으로 인식하고 있는 상태를 의미한다. 간단히 말해 '자신이 알고 있는 것과 알지 못하는 것을 파악하고 있는 상태'라고 말할 수 있다.

'자신이 알고 있는 것과 알지 못하는 것을 파악하고 있다'라는 말은 어쩌면 굉장히 당연하게 들릴지도 모르지만, 사람은 자신을 객관화할 수 없는 존재다.

하지만 이런 식으로 머릿속에 있는 현안 사항을 적는 것은 자신의 사고나 행동을 전체적으로 볼 수 있기 때문에 문제를 해결할 수 있는 능력이 높아진다. 자신을 메타 인지할 수 있는 상태가 되면 대응책도 손쉽게 찾을 수 있는 것이다.

이러한 상황을 만들어낼 수 있다면 언제나 머릿속을 상쾌하게 유지할 수 있고 행동에 순조롭게 착수할 수 있다.

Point!

자신의 머릿속을 '가시화'하면
사고가 명확해진다.

12

상황을 개별적이고
한정적으로 파악한다

'온 힘을 기울여 프레젠테이션을 했지만 계약으로 이어지지 않고 결국 주문이 철회되었다, 의욕을 불태우며 시작한 근력 운동이 작심삼일로 끝났다' 등 큰맘 먹고 도전했지만 성과를 얻지 못하여 밀려오는 실망감으로 이후 행동이 소극적으로 변해버리는 경우가 있다. 하지만 그때마다 소극적으로 대응한다면 바로 행동할 수 없게 된다.

사람은 일이 잘 풀리지 않을 때는 '이 좋지 않은 상황이 영원히 이어진다', 잘 풀릴 때는 '이 상황은 일시적인 행운에 불과하다'라고 생각하기 쉽다. 그러나 이와 반대로 생각하는 것이 좋다.

예를 들어 근력 운동이 작심삼일로 끝난 경우, 일반적으로

'나는 언제나 오래 하지 못해', '분명 다음에도 계속할 수 없을
거야'라는 인식과 '지금은 계속하지 못했지만 다음은 또 다를
거야'라는 한정적인 인식 중 어느 쪽이 다음 행동으로 이어질
수 있을까? 당연히 후자가 다음 행동으로 이어지기 쉽다.

　계획한 대로 일이 진행되지 않아 좌절할 것 같다면 상황을
개별적이고 한정적으로 파악하는 것을 추천한다.
　'결과'는 통제할 수 없지만 '행동'은 통제할 수 있다. 결과가
아닌 스스로 통제가 가능한 '지금 할 수 있는 행동'에 집중하도
록 하자.

잘된 일은 일반화하고
잘 안된 일은 한정적으로 받아들인다.

13

부담감이 심할 때는
잠시 정보를 차단한다

처음 해보는 일이지만 실패를 용납할 수 없는데, 심지어 참고가 될 만한 과거 사례나 정보도 부족하고 상담할 만한 상대나 조력자까지 없을 때. 이런 상황에 처한다면 누구나 불안과 초조, 부담감 등으로 과도하게 긴장하여 사고나 행동이 멈추는 상태에 빠지고 만다.

그 정도까지는 아니더라도 '잘할 수 있을지 불안하다', '실패하지 않을까' 등 무심코 앞으로 일어날 일을 생각해버리는 걱정이 많은 사람은 과도하게 긴장하는 경우가 많은 것이 현실이다.

이처럼 과도한 긴장 상태에서는 컴퓨터가 갑자기 멈추는 것처럼 사람도 행동할 수 없게 되고, 자신도 모르게 일을 미루게 되는 일이 증가한다. 항상 긴장 모드인 사람은 의식적으로 긴장을 풀어주어야 좋은 결과로 이어질 수 있다.

긴장을 완화하기 위한 가장 간단하고 효과적인 방법은 '1분 동안 눈 감기'이다.

눈을 통해 파악할 수 있는 정보를 차단하여 뇌에 주는 부담을 극적으로 줄이면 긴장 정도를 완화할 수 있다. '인간의 뇌가 시각을 통해 얻는 정보는 83%'라는 연구 데이터가 있을 정도로 눈을 통해 얻는 정보는 뇌에 부담을 주기 쉽기 때문이다.

그 밖에도 심호흡을 하거나 좋아하는 음료를 마시는 등의 방법도 효과적이다.

Point!

어느 정도 긴장은
스스로 통제할 수 있다는 점을
기억한다.

14

마음이 해이해졌다면
적당한 부담감을 준다

앞서 '과도한 긴장감은 행동을 방해한다'라고 말했지만 너무 마음을 놓고 있는 상태도 행동에 제동을 거는 원인이 된다.

예를 들어 단순 작업에 목표 할당량도 없고, 일을 잘하지 못해도 다른 사람에게 피해가 가지 않을 때에는 일을 쉽게 미루게 된다. 또 재택근무처럼 주위에 다른 사람이 없는 상황이 되면 지나치게 마음이 편안해져 행동이 굼떠지는 사람도 있다.

이럴 때는 '적당한 긴장감'을 만들어낼 필요가 있다. 적당한 긴장감을 갖기 위해서는 '나는 다른 사람의 기대를 받고 있다'라는 감각을 갖는 것이 매우 효과적이다.

심리학에는 '피그말리온 효과'라는 개념이 있다. 피그말리온 효과는 '이 사람은 대단해', '분명 성공할 거야'라는 기대와 주목을 받으면 기대한 대로 성과를 창출한다는 개념이다. 사실 이러한 '기대'나 '주목'은 자신에 대한 굳은 믿음만으로도 효과가 있다는 사실이 증명되었다. 다시 말해 '나는 주변의 기대와 주목을 받고 있다'라는 믿음만으로도 적당한 부담감과 긴장감이 생겨 매끄럽게 행동할 수 있게 되는 것이다. 거짓말 같은 이야기지만 사실이다. 꼭 한번 시도해보기를 추천한다.

Point!

때로는
스스로 부담감을 갖는 것도
필요하다.

15

나와의 약속에도 '마감'을 설정한다

지나치게 마음이 느슨해지는 것을 방지하기 위해 스스로 '마감'을 설정하는 방법도 효과적이다. 어쩌면 '마감 효과라는 표현을 들어본 적은 있지만 스스로 마감을 설정해도 나 자신에게 관대해져 마감을 지키지 못하는 건 아닐까'라고 생각하는 사람이 있을지도 모른다.

업무 등 다른 사람에게 피해를 끼칠 수 있는 일의 마감은 당연히 엄수하지만 자기 자신에게 부과한 마감은 뒷전으로 생각하기 쉽다. 이는 스스로 정한 마감을 일정표에 적는 등 행동을 구체화하지 않았기 때문이다.

스스로 정한 마감은 '자신과의 약속'이라고도 말할 수 있다. '소중한 사람'과의 약속은 제일 먼저 일정표에 기입하고, 다소 무리를 해서라도 반드시 지킨다. 만약 약속을 지키지 못하는 상황이 되더라도 피해를 주지 않도록 바로 대체 방안을 고민하여 실행할 것이다. 곰곰이 생각해 보면 우리에게 있어서 나 자신도 '중요한 사람'이다. 그러므로 다른 사람과 한 약속처럼 자신과의 약속도 똑같이 최우선으로 생각하고 일정으로 등록하여 반드시 사수하자.

나와의 약속도
최우선 사항으로 생각하고 취급한다.

16

계획을 여러 개 준비하여 '예상 밖의 일'에 대비한다

<PLAN A> 토요일 낮에 방을 정리한다.

<PLAN B> 토요일 밤에 방을 정리한다.

<PLAN C> 일요일 아침 5시부터 방을 정리한다.

하암~

'주말에 방 정리를 해야지!'라고 생각했지만 갑작스럽게 일이 생겨서 하지 못했다.

'이번 주 안에 보고서를 완성할 거야!'라고 계획을 세웠지만 컨디션이 좋지 않아 끝내지 못했다.

스스로 마감을 정하고 그를 지키기 위해 행동한다고 하더라도 마음처럼 진행되지 않는 경우가 있다.

이는 당신의 능력이 아닌 계획 수립 방법의 문제다.

30분 후, 1시간 후 등 짧은 기간의 마감과 달리 1주일 후, 한 달 후 등 비교적 장기적인 마감을 설정한 경우 계획한 대로 진행되는 일은 매우 드물다. 그렇기 때문에 예상 밖의 일을 염두에 두고 계획을 여러 개 준비한다.

방 정리를 예로 들면 〈PLAN A. 토요일 낮에 방을 정리한다〉,

〈PLAN B. (토요일 낮에 할 수 없는 경우를 가정하여) 토요일 밤에 방을 정리한다〉, 〈PLAN C. (토요일을 하루 종일 사용할 수 없는 경우를 가정하여) 일요일 오전 5시에 일어나 방을 정리한다〉, 〈PLAN D. (모든 계획이 무너진 경우를 가정하여) 일요일 오후 3시 이후에는 절대로 다른 일정을 잡지 않는다〉와 같다.

이처럼 사전에 여러 개의 계획을 세운다면 예상하지 못한 일이 일어나더라도 '계획한 대로' 일을 추진할 수 있다.

Point!

대체 방안은 반드시
하나가 아닌 여러 개를 준비한다.

17

행동할 수 없을 때는
최악의 상황을 떠올려 본다

이런 사람에게 추천

• 항상 아슬아슬하게 움직이는 사람
• 어떤 일에 대한 예측이 허술한 사람

바로 행동하는 비법

지금 바로 행동하지 않으면 발생하는 '리스크'를 적는다.

극단적으로 말하면 사람이 행동하는 이유를 단 두 가지로 정리할 수 있다. 바로 '고통 회피'와 '쾌락 추구'다.

고통 회피란 싫어하는 것을 회피하기 위한 행동이다. 사람은 '힘들고 괴롭고 아프고 창피한' 상황을 피하기 위해 행동한다. 가장 잘 드러난 것이 이른바 '절박한 상황에서 치솟는 초월적인 힘'이다.

반면 쾌락 추구는 '원하다'라는 욕구다. 원하는 결과를 얻거나 꿈과 목표를 실현하는 등 모든 '즐겁고 기쁘고 행복한' 감정을 얻기 위한 행동이다.

당신은 평소에 고통 회피와 쾌락 추구 가운데 어떤 행동 스위치를 사용하고 있는가?

간단히 알 수 있는 방법을 소개한다.

일단 6개월 후 혹은 3년 후의 '미래'를 떠올려 보자. 머릿속에 미래를 그리면 가슴이 설레는 사람은 쾌락 추구형이다. 그에 비해 미래를 생각하면 두근거리기보다 불안과 초조함으로 인해 기분이 우울해진다면 그 사람은 고통 회피형이다.

이는 개인의 개성이기에 무엇이 '좋다, 혹은 나쁘다'라고 할 수 없다. 우선은 자신의 어떤 '행동 스위치'가 더 쉽게 켜지는지 파악하는 것이 중요하다. 그것을 알고 나서 각 스위치를 켜는 방법을 익힌다면 행동으로 쉽게 옮길 수 있다.

먼저 '고통 회피'의 스위치를 켜는 방법을 소개한다.

예를 들어 업무 중 발생한 문제를 보고해야 한다고 가정하자. 문제가 생기면 바로 상사에게 보고하는 것이 제일 마음이 후련하다. 또 보고의 속도나 대응이 평가될 가능성도 있다. '하지만 말하기 어렵고 귀찮다'라는 생각 때문에 좀처럼 행동으로 이어지지 않는 경우가 많다.

이 상태는 '지금 당장 보고하면 후련하다'라는 쾌락 추구로는 행동할 수 없다는 말이다.

그럴 때는 눈앞의 '쾌락 추구'보다 강렬한, '지금 당장 하지 않으면 발생하는 미래의 고통'을 구체적으로 떠올려 보기 바란다.

예를 들어 다음과 같이 종이에 써 보는 방법도 있다.

- 문제의 보고가 늦으면 이전보다 문제가 커진다.
- 문제가 심각해지면 회사에 막대한 손실을 초래하게 된다.
- 그럼 고객의 신뢰를 잃게 된다.
- 그 결과 상사에게 크게 꾸지람을 듣게 될 것이다.

이처럼 미래에 마주해야 할 고통의 비참함과 괴로움이 구체적일수록 '이렇게 되고 싶지 않아', '이것만은 피하고 싶어'라는 고통 회피의 행동 스위치가 켜지게 된다.

자신에게 일어날 불이익을 분명히 한다면, '고통 회피'의 스위치가 켜지면서 행동으로 옮길 수 있을 것이다.

Point!

고통 회피의 스위치는
지나치게 자주 사용하지 않도록 주의하고
꼭 필요한 경우에만 활용한다.

18

포상을 설정하여
스스로를 움직이게 만든다

이런 사람에게 추천

· '마지못해서 하는 일'이 많은 사람
· 의무감이나 책임감으로 움직이는 사람

바로 행동하는 비법

자신에게 선물하고 싶은 '보상 목록'을 만든다.

앞서 '고통 회피'의 행동 스위치를 켜는 방법에 대해 알아보았다. 그렇다고 해도 계속 '고통 회피'의 스위치만 사용하면 즐겁지 않기 때문에 머리도, 마음도, 몸도 조금씩 닳아서 약해지고 만다. 특히 '하지 않으면 안 된다', '해야만 한다'라는 의무감이나 책임감만으로 행동한다면 피폐해지기 마련이다.

그럴 때는 '쾌락 추구'의 행동 스위치에 시동을 걸어 설렘을 안고 행동을 시작해야 할 필요가 있다.

평소 '고통 회피'의 행동 스위치만 사용하는 사람은 우선 '최고의 성과'를 떠올리는 것부터 시작해보기 바란다.

'최고의 성과'란 현재 자신이 하고자 하는 일이 가장 이상적으로 흘러가는 모습을 상상하는 것이다. 자신이 웃게 되는 것뿐만 아니라 동료, 상사, 부하, 고객, 가족, 친구 등 주변 사람들이 웃는 모습을 떠올리는 것도 효과적이다.

미루고 있던 방 정리를 예로 들면, 깨끗해진 방에서 느긋하게 시간을 보내는 자신의 모습을 상상하거나 친구나 연인을 집으로 초대해 함께 식사하는 모습을 상상하는 것도 좋은 방법이다.

자격시험의 공부라면 시험에 합격해 이직에 성공하거나 승진하는 등의 모습을 떠올려 보자.

코칭 업계에서는 이같이 행동의 목표를 미리 떠올리는 것을 '멘탈 리허설'이라고 부른다.

멘탈 리허설을 통해 '이렇게 되고 싶어!'라는 '쾌락 추구'의 행동 스위치가 'ON'이 되고 의무감에서가 아닌 보다 주체적인 마음으로 일에 착수할 수 있게 된다.

그렇지만 '고통 회피형'의 사고를 가진 사람은 이것만으로 행동 스위치가 켜지지 않을 가능성이 있다.

그럴 때는 자신에게 '포상'을 주도록 하자.

예를 들어 아래와 같이 어떤 포상이든 상관없다.

- 일이 끝나면 얼음처럼 차가운 맥주를 마실 거야!
- 오늘은 빨리 돌아가 집에서 저녁 식사를 해야지!

- 계속 궁금했던 영화를 보러 갈 거야.
- 오늘 열심히 하면 평소에 참고 있던 디저트를 먹어야지!

자신에게 주는 포상은 업무와 직접적인 관계가 없어도 '쾌락 추구'의 행동 스위치를 ON으로 바꾸는 효과가 있다.

Point!

포상은 비용이
크게 들지 않는 것을 준비하고
그 횟수를 늘려나간다.

'소리'와 '자세'를 의식한다

　조금 뜬금없는 이야기지만 항상 마음속에 유의하고 있는 사항이 있는가?

　필자에게는 그런 것이 존재한다. 이 행동을 하면 스스로가 정돈되기 때문에 발걸음이 가벼워지는 느낌이 든다.

　바로 '자신이 내는 소리'와 '자세'를 가다듬는 것이다.

　얼마 전, 출장을 갔던 지역에서 시간이 남아 이전부터 궁금했던 카페에 방문했다. 따뜻한 로열 밀크티를 마시며 나른하게 있는데, 주방에서 갑자기 '철컥철컥', '쿵!' 하는 소리가 빈번하게 들려왔다. 점점 유쾌하지 않은 기분이 들어 빠르게 가게를 뒤로하고 나와 버렸다.

　우리도 바쁘거나 짜증 날 때는 행동 하나하나가 번잡해지기 쉽다. 그러면 방금 언급한 출장지에서의 카페와 같이 '타당!',

'쾅!'이라는 소리를 내게 되는 것이다.

소리는 파동이기 때문에 사람의 심신 상태에 직접 영향을 미친다. 비록 자신이 낸 소리라고 할지라도 흐트러진 소리가 나면 초조함이나 짜증이 증폭한다.

따라서 평상시 자신이 내는 소리를 의식하여 가다듬는 것이 좋다.

예를 들어 '문이나 서랍을 천천히 여닫는다', '필기구나 사무용품을 소중히 다룬다', '가방이나 물건은 살짝 내려놓는다', '부드럽게 타이핑을 한다' 등이 있다.

마음 편한 소리를 낼 수 있게 된다면 마음이 온화해지고 여유도 생길 것이다.

또 다른 한 가지는 자세다.

사실 자세와 마음의 상태는 연결되어 있다. 그렇기 때문에 행동에서도 차이가 발생하게 된다.

'고개를 숙인다', '구부정하다', '어깨를 웅크리고 있다' 등의 자세에서는 아무래도 매끄럽게 일에 착수할 수 없다.

혹시 조금이라도 찔리는 사람은 시범 삼아 배에 힘을 주어 쏙 들어가게 한 뒤, 양어깨를 축 떨어뜨리고 시선은 약간 위로 향해보기 바란다.

어떠한가? 이러한 자세를 취하니 움직일 수 있을 것 같은 기분이 들지 않는가?

여기에는 두 가지 이유가 있다.

첫째, 자세가 좋아지면서 척수의 신경 회로의 전달이 원활해지기 때문이다. 중요한 신경이 모여 있는 척수는 제2의 뇌라고도 불린다. 자세를 바르게 하면 신경 전달이 순조롭게 이루어지는 것이다.

둘째, 기관지가 좋아져 깊게 호흡할 수 있기 때문이다. 그 결과 혈액 순환이 잘 되고 뇌에 공급되는 산소량이 증가하여 집중력이 향상된다.

따라서 평소 자신의 자세에 주목하여 만약 자세가 움츠러들었거나 구부정하다면 배에 힘을 주어 오목하게 만들어 보자.

이것만으로도 매끄럽게 행동할 수 있게 될 것이다.

KNOWLEDGE

바로 행동으로 옮기는 사람과

쉽게 미루는 사람 사이에는

능력이나 성격의 차이가 존재하지 않는다.

다만 상황과 사물을 파악하는 방법이 다를 뿐이다.

PART
03

감정에
좌우되지 않는다!

EXPERIENCE

행동 마인드를
갖추는 방법

사실 '바로 행동하는 사람'과 무심코 미루는 사람 사이에 능력이나 성격의 차이는 그렇게 크지 않다.

다만 상황과 사물에 대한 사고방식이나 자세, 인식 방법, 그리고 자신과의 관계 방식에 큰 차이가 있다.

'모든 것은 두 번 만들어진다.'

이는 『성공하는 사람들의 7가지 습관』의 저자로 유명한 스티븐 코비(Stephen Covey) 박사가 한 말이다.

이해하기 쉽게 말하자면 모든 것은 머릿속에서 먼저 생각으로 창조된 후 실제로 형태를 갖추게 되는, 다시 말해 '지적 창조'와 '물질적 창조'라는 두 가지 과정을 거친다는 의미다.

예를 들어 건물을 세울 때 무턱대고 기둥을 먼저 세우는 사람은 없다. 우선 어떤 건물을 세우고 싶은지 생각한 다음 설계

도를 그리고 그를 바탕으로 건물을 건축한다.

이는 건축뿐만이 아니다. 만약 여행이라면 계획을 세운 후에 여행지로 떠날 것이다.

일도, 공부도, 어느 정도 미리 계획을 세운 후에 실행한다. 운동선수도 이미지 트레이닝을 통해 성공적인 장면을 머릿속에 떠올린 후 진행하면 몸을 더욱 쉽게 움직일 수 있게 된다.

다시 말해 모든 행동을 머릿속에서 미리 그려 본 다음 행하는 것이다.

'바로 행동하는 사람'과 일을 미루는 사람의 차이는 바로 여기에 있다.

'바로 행동하는 사람'은 자연스럽게 '나는 할 수 있다. 해냈다!'라는 긍정적인 목표 이미지를 그리는 경우가 많고, 결과적으로 이미지의 힘을 잘 사용하고 있다.

반면 일을 미루는 사람은 '불가능하다', '어렵다', '실패하면 어떻게 하나'라는 부정적인 이미지를 그리는 경우가 많다.

'10살만 더 젊었으면', '시간만 있었다면 할 수 있을 텐데', '경제적으로 여유가 있었다면', '그때 조금만 더 공부했다면 좋았을 텐데'라는 생각도 마찬가지다.

불가능한 이미지를 떠올리는 순간 우리의 뇌는 무의식적으로 하지 않을 이유, 바로 행동하지 않는 것을 정당화하는 이유를 찾기 시작한다. 그렇게 되면 엄청난 목적을 가지고 있거나 강철 멘탈을 소유한 사람이 아니면 행동하기란 불가능하다.

이처럼 부정적인 이미지는 행동을 방해하는 큰 요인이 된다.

그렇게 생각하면 '바로 행동으로 옮기는 사람'이 되기 위해서는 '할 수 있다', 더 구체적으로 '해냈다!'라는 긍정적인 이미지를 갖는 것이 중요하다는 사실을 알 수 있다. 그렇게 해야 '가능한가, 불가능한가'가 아니라 '어떻게 하면 할 수 있을까', '어떻게 하면 더 좋을까'라는 부분을 의식하기 때문에 상황이 더

진전될 수 있는 것이다.

여기까지 읽고 '이건 사람의 성격에 따라 다르지 않을까?', '나는 부정적인 사고를 지녔으니 무리다'라고 생각하는 사람도 있을 것이다. 그러나 서두에서 말했듯 이는 성격이나 능력의 문제가 아니다. 사물과 상황을 바라보는 방법을 조금만 바꾸어도 자신이 가진 이미지를 부정에서 긍정으로 바꾸어 나갈 수 있다.

이번 Part에서는 그 방법에 대해 전하려고 한다.

19

결과에 휘둘릴 것 같다면 '타율'로 생각한다

이런 사람에게 추천

• 결과에 쉽게 일희일비하는 사람
• 눈앞의 일만 생각하고 마는 사람

바로 행동하는 비법

과거 3개월의 성과를 되돌아본다.

결과나 성과에 지나치게 일희일비하고 있지는 않은가? 좋은 상황에서는 상관없지만 상황이 좋지 않은 경우, 지나치게 결과나 성과에만 집착하면 쉽게 단념하거나 기분이 울적해지면서 행동을 멈추게 된다. 이럴 때는 '타율'로 생각하는 습관을 길러보도록 하자.

프로 야구의 평균 타율은 0.25 정도로, 0.3을 넘으면 '보통 이상의 실력'이라는 평가를 받는다. 원하는 결과가 나오지 않으면 바로 침울해지는 사람은 타율 0.8을 목표로 하고 있는 것은 아닌가?

업무에서도, 사생활에서도, 공이 5회 중 1회만 야구방망이에 맞으면 나머지는 삼진이나 땅볼이어도 괜찮다고 생각하자. 다시 말해 자신의 행동이 5회 중 1회 정도 생각한 대로 이루어지면 충분하며, 3회 중 1회가 계획한 대로 진행되면 프로 수준으로 대단하다고 생각하는 것이다.

비법은 1주일, 1개월, 6개월이라는 기간으로 생각하는 것이다. 일정 기간의 결과, 성과의 타율을 확인함으로써 다음 방법을 냉정하게 연구할 수 있다.

이같이 자신에 대해 높은 곳에서 내려다보듯 전체를 보는 것을 '부감'이라고 한다. 이렇게 부감하는 시점에 익숙해진다면 눈앞의 결과나 성과에 일희일비하지 않고 행동을 계속 축적해 나갈 수 있을 것이다.

Point!

공이 5회 중
1회 야구방망이에 맞았다면,
'OK'라는 생각으로
매일 타석에 선다.

20

잘 풀리지 않을 때는
기준의 눈금을 작게 한다

기분이 쉽게 우울해지는 사람의 대부분은 단 하나의 기준으로 생각한다.

그 기준은 '최초의 예정이나 목표대로 일이 잘 진행되었나, 진행되지 않았나'이다.

예상한 것처럼 상황이 100% 순조롭게 흘러가는 경우는 거의 없다. 반대로 100% 잘 흘러가지 않는 경우도 없다. 그러나 위의 기준으로만 상황이나 사물을 바라본다면 '0 또는 100', 'ㅇ 또는 ×'라는 양자택일 평가밖에 되지 않는다.

기준의 눈금이 너무 크면 부분 점수를 받을 수 없다. 그러면 잘되고 있는 70%가 아닌 잘 안 된 30%에 집중하여 완벽하게 하지 못한 스스로를 탓하거나, 아직 할 수 있는 일이 남아있는

데도 포기해버리는 상황이 발생한다.

　만약 자신에게 해당하는 이야기라고 생각한다면 기준의 눈금을 잘게 쪼개어 작은 변화나 성과, 결과를 깨닫는 습관을 들이자.

　예를 들어 '기획은 통과하지 않았지만 부장님은 흥미롭다고 말했다', '또다시 금연에 실패하고 말았지만 그래도 이번에는 일주일 동안 지속했다' 등 사소한 성과라도 상관없다. 이를 깨달을 수 있는지 아닌지에 따라 다음 행동이 크게 달라질 것이다.

Point!

상황이 아주 좋지 않을 때는
의식적으로 긍정적인 마인드를 가지고
되돌아본다.

21

'하지 못한 일'이 아니라 '잘한 일'에 주목한다

다이어트를 시작하면서 간식을 금지했는데, 결국 참지 못하고 디저트를 먹고 말았다. 잠자기 전 1시간은 공부하고자 결심했지만 너무 피곤하여 결국 잠들고 말았다.

이런 일이 있으면 자신도 모르게 '왜 나는 하지 못할까'라며 스스로를 지적하거나 비판하기 쉽다. 이렇게 자신을 궁지에 몰아넣으면 점점 자신감과 희망, 에너지를 잃게 된다. 그러면 모든 것이 싫어지고 전부 내려놓고 싶어진다.

그렇다면 이러한 악순환으로부터 벗어나기 위해서는 어떻게 해야 할까? 누구나 바로 실천할 수 있고 효과를 발휘할 수 있는 방법이 있다.

바로 '잘하고 있는 일'을 적어보는 것이다. 아주 사소한 일이라도 좋으니 지금 '잘하고 있는 일'을 종이에 적어보자.

〈할 수 없다 안경〉이 아닌 〈할 수 있다 안경〉을 끼고 사물과 상황을 바라보는 것이다. 적으면서 발견한 '해냈다!'가 '다음에도 할 수 있을 것 같아!'로 이어지게 된다.

예를 들어 매일 아침 5시에 일어나기로 마음먹었지만 다시 잠이 들어 6시에 눈을 떴다고 가정하자. 〈할 수 없다 안경〉을 끼고 보는 사람은 '아침 일찍 일어나는 데 실패했다', '나는 의지가 약하다'라고 받아들인다.

그러나 〈할 수 있다 안경〉을 끼고 보는 사람은 '이전보다 30분이나 일찍 일어났다', '조금씩 일찍 일어나도록 변하고 있다'라고 인식한다. 다음 날 기상으로 이어지기 쉬운 인식 방법은 무엇일까? 당연히 후자이다.

이처럼 아주 사소하더라도 자신이 성공한 일을 종이에 적어보면 작은 성장을 더욱 구체적으로 파악할 수 있다.

포인트는, 완벽하게 하지 못했다고 하더라도 부분 점수를 줄 것.

금연에 도전하고 있는 사람이 결국 참지 못하고 1개비를 피고 말았다. 완벽주의인 사람은 이 좌절을 계기로 '나는 의지가 박약하니 금연은 무리다'라며 금연 도전 자체를 그만두는 경우가 있다.

하지만 반대로 '그동안 하루에 1갑을 피웠는데 1개비 정도라면 뭐, 어쩔 수 없지'라고 받아들일 수 있는 사람은 실패를 쉽게 반복할 수는 있어도, 하루에 피우는 담배 수를 착실하게 줄여나가며 금연 달성에 가까워질 수 있다.

필자는 지금까지 많은 클라이언트를 지원해 왔다. 그 경험을 통해 깨달은 사실은 자기 긍정감이 낮은 경우, '자신이 당연히 할 수 있는 일을 낮게 추측하는' 경향이 있다는 것이다. 다시 말해 자신감을 잃은 상태에서는 자신이 할 수 있는 일을 깨닫기 어렵다.

모든 일이 잘 풀리지 않는다는 생각이 들 때도 사실은 할 수 있는 일이 존재한다. 자기 자신을 지적하는 것은 현재 상태를 이상적이고 완벽한 상태와 비교하기 때문인지도 모른다. 그럴 때는 예상 가능한 최악의 상태와 현재를 비교해보기 바란다. 그러면 분명 자신이 할 수 있는 부분을 찾을 수 있을 것이다.

이를 의식하고 있는 것만으로도 〈할 수 있다 안경〉으로 사물과 상황을 파악할 수 있게 된다.

Point!

머리로만 생각하는 것이 아니라
종이에 적어보면
'해낸 일'을 쉽게 찾을 수 있다.

22

'결과 목표'가 아닌
'행동 목표'에 집중한다

〈결과 목표〉

체중이 전혀
줄지 않았어…

〈행동 목표〉

하는 것만으로도
임무 완수!

→ 적은 실패

'이번 달 역시 목표량을 충족할 수 없었어.' '토익 점수가 오르지 않아.'

기대한 만큼의 성과가 나오지 않으면 '이번 달은 포기하고 다음 달에 열심히 해야겠다', '어차피 좋은 점수를 받지 못한다면 공부해도 의미 없다' 등 동기 부여가 하락하기 쉽다.

사실 고객과 약속을 더 많이 잡거나 공부를 계속하면 성과는 얻을 수 있지만, 움직이기 귀찮아 무심코 미루고 만다. 그렇게 되면 잘 풀리지 않는 상황이 반복되어 악순환에서 헤어 나오기 어려워진다.

이런 악순환에서 벗어나기 위해서는 결과 목표가 아닌 행동 목표에 집중하는 것이 효과적이다.

결과 목표란 '이번 달 매출 목표는 ○○○만 원', '기획 ○편 통과', '자격 취득' 등 결과를 중시한 목표를 의미한다.

반면 행동 목표는 결과를 얻기 위해 필요한 구체적인 행동에 집중한 목표다. 영업을 예로 들면, 결과 목표는 '이번 달 계약 10건 성공'이며 행동 목표는 '매월 30명의 고객에게 전화하기', '하루 한 번 기존 고객 방문하기', '주 200건 광고 메시지 발송하기' 등이다.

결과 목표의 장점은 매너리즘에 빠지는 것을 방지하고 긴장감을 유지할 수 있다는 점이다. 일이 잘될 때 결과 목표를 의식하면 좋은 성적을 낼 수 있는 가능성이 더욱 높아진다. 그러나 실패가 거듭될 때, 혹은 외부적인 요인으로 목표를 달성할 수 없는 상황이 계속된다면 쉽게 스트레스나 불안을 느끼게 되어 행동을 멈추는 원인이 된다.

반면 행동 목표는 성과나 결과와 관계없이 스스로 정한 일만 완수하면 되기 때문에 실패할 가능성이 크게 감소한다.

스트레스나 불안을 느끼기 어렵기 때문에 예상했던 결과가 나오지 않았을 때는 다음의 예시처럼, 결과 목표를 확실하게 실행할 수 있는 행동 목표로 바꾸어 동기 부여를 떨어뜨리지 않고 결과를 얻기 위한 행동에 착수할 수 있도록 한다.

'결과 목표 → 행동 목표'의 구체적 예시

- 기획서를 완성한다 → 기획서를 쓸 수 있는 부분만 먼저 채운다
- 이직한다 → 헤드헌팅 사이트 세 곳에 이력서를 등록한다
- 여름까지 체중 5kg을 감량한다 → 매일 아침 30분 산책한다
- 매일 블로그에 글을 쓴다 → 블로그 게시글의 주제 세 가지를 고민한다
- 방을 정리한다 → 사용하지 않는 물건 10개를 버린다
- 토익 점수를 800점 이상 획득한다 → 기출 문제를 10개씩 푼다

생각한 만큼 성과가 나오지 않는다면 더 이상 결과를 고집하지 말고 행동에 집중하자.

참고로 앞에서 서술한 '10초 액션'은 행동 목표를 세분화한 것이다. 행동 목표를 설정해도 좀처럼 행동 목표를 향해 움직일 수 없을 때는 '10초 액션'을 활용하면 착실하게 실행할 수 있다.

행동 목표에 초점을 맞추어 원하는 결과를 얻었다면 다시 결과 목표에도 집중하는 것이 좋다. 행동 목표만 계속 의식하면 그때는 업무의 매너리즘에 빠지게 되기 때문이다.

Point!

'행동 목표'와 '결과 목표'를
모두 설정하고
적절하게 나누어 사용한다.

23

무의식중에 내뱉는
'변명'을 깨닫는다

'돈만 있으면 할 수 있을 텐데', '시간이 없어서 불가능하다', '자신이 없으니 이번에는 무리다'라는 말을 내뱉거나 마음속으로 중얼거리지 않는가? 그 밖에도 '과거에 성공한 사례가 없다', '너무 나이가 많다', '부모님 혹은 상사, 친구가 반대한다', '실패하면 창피하다', '오늘은 너무 피곤하다' 등 예를 들기 시작하면 끝도 없다.

사실 평소에 아무렇지도 않게 사용하고 있는 이런 말버릇은 미루는 습관의 트리거(방아쇠)가 된다. 이러한 말버릇은 움직일 수 없는 것을 정당화하고 잠재의식에 깊이 새기기 때문이다.

자신의 행동과 사고 패턴을 바꾸고 싶다면 자신의 말버릇을 '알아차리는 것'도 효과적인 방법 중 하나다.

그렇지만 당신의 행동을 방해하는 변명을 갑자기 그만두는 것은 매우 어려운 일이다. 왜냐하면 잠버릇과 마찬가지로 말버릇은 본인이 자각하지 못하는 경우가 많기 때문이다. 자각하지 못하는 것을 수정하는 것은 누구에게나 쉽지 않다.

따라서 변명을 멈추기 위해서는 자신이 변명하고 있다는 사실을 인지하는 것이 가장 첫 단계가 되어야 한다.

우선은 하루를 마무리하면서 '돈이 없다', '자신이 없다', '시간이 없다' 등 행동하지 않는 것을 정당화하는 변명을 얼마나 말했는지 되짚어보는 습관을 길러보자.

이것이 익숙해지면 변명을 입으로 내뱉는 순간 '아, 말해버렸다'라고 자각할 수 있다. 이렇듯 변명한 직후에 알아차릴 수 있으면 큰 발전이다. 이 단계가 되면 하루에 몇 번이나 변명을 했는지 횟수를 세서 기록으로 남긴다.

그리고 이것이 적응되면 변명을 말하기 전, 즉 변명을 떠올린 시점에 '아, 변명하려고 했구나'라며 스스로 알아차릴 수 있게 될 것이다. 만약 내뱉고 말았다면 변명만 하는 것이 아니라 그때마다 다른 표현으로 바꾸어 말해보자.

예를 들어 '시간이 없어서 무리다'라는 핑계를 댔다면 '시간이 없어서 무리라고 생각했지만 시간은 스스로 만들어내는 거야', '시간이 부족하니 아침 시간에 하자' 등 자신의 상황에 맞아떨어지는 바꿔 말할 다른 표현을 찾는 것이다. 변명에 대한 바꿔 말하기 표현은 미리 정해두는 편이 더 좋다.

필자의 첫째 아들은 수학 울렁증이 있어서 '나는 수학을 못해'라는 말을 입버릇처럼 했었다. 그래서 '수학을 못하는 것이 아니라 공부하는 방법을 모르는 것뿐'이라고 바꿔 말하도록 충고해주었더니, 수학 공부를 미루는 습관이 사라져 시험 점수가 올랐다. 아직 수학 울렁증은 남아있는 듯하지만 변명을 다르게 표현함으로써 적극적으로 수학 공부에 임하게 되면서 성적이 오를 수 있었던 것이다.

또한 예외를 찾는 것도 효과적이다.

예를 들어 '자신은 없었지만 잘 마무리했다', '시간적 여유가 없었지만 행동할 수 있었다', '경제적으로 여유롭지 못했지만 어떻게든 끝났다'라는 경험은 누구에게나 있을 것이다.

하나라도 예외를 발견한다면 핑계를 대는 원인이 행동을 위한 절대적 필요조건은 아니라는 사실을 깨달을 수 있을 것이다.

그것을 알아차릴 수 있다면 '돈이 없으니 크라우드 펀딩에 도전한다', '시간이 부족하니 쓸데없이 허비하는 시간을 줄여 시간을 확보한다', '자신은 없지만, 과거에 도전하여 성공한 사례가 있으니 일단 움직인다' 등 '할 수 있는 이유'가 저절로 떠오르게 될 것이다.

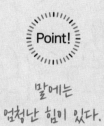

Point!

말에는
엄청난 힘이 있다.

24

과거의 자신과 지금의 자신을
비교하는 습관을 갖는다

〈다른 사람과 비교하는 사람〉

〈과거의 자신과 비교하는 사람〉

이런 사람에게 추천

· SNS를 보면서 쉽게 우울해하는 사람
· 무심코 다른 사람을 질투하는 사람

바로 행동하는 비법

다른 사람과 비교하기 전 이루고 싶은 자신의 모습을 떠올린다.

'저 사람은 좋겠다. 그에 비해 나는 왜 못하는 걸까.'
'다른 사람이 어떻게 하고 있는지 궁금하다.'
'저 사람보다는 나의 상황이 더 괜찮으니 이 정도면 되겠지.'

이처럼 무심결에 자신을 다른 사람과 비교하며 일희일비하고 있지는 않은가? 다른 사람과의 비교를 통해 더욱 분발하여 새로운 일에 도전하는 등 행동의 양이 증가한다면 큰 문제는 없다. 하지만 대부분 많은 사람이 다른 사람과 비교하면서 질투나 초조함, 열등감, 자신감 상실, 자만심, 우월감 같은 감정이 샘솟아 결과적으로 행동으로 연결하지 못하는 경우가 많다.

우리가 평범한 생활을 하는 한 업무적으로도, 사적으로도 다른 사람과의 교류는 불가피하다. 오늘날에는 SNS를 통해 다른 사람의 생활을 더 쉽게 접할 수 있게 되었다. 이러한 환경 탓에 어떤 의미에서 다른 사람과의 비교는 어쩔 수 없다고도 말할 수 있다.

다만, 문제는 '다른 사람과의 비교'가 아니라 그로 인해 감정이 부정적으로 바뀌고 '행동을 멈추는 것'이다.

그렇다면 어떻게 해야 다른 사람과의 비교로 일희일비하지 않을 수 있을까?

방법은 간단하다. 다른 사람과의 비교가 아닌 과거의 자신과 비교하면 된다.

과거의 자신과 비교한다면 본인의 성장에 더욱 초점을 맞출 수 있다. 구체적으로 6개월 전, 1년 전, 3년 전과 현재의 자신을 비교해 보자.

'6개월 전, 1년 전, 3년 전과 비교하여 오늘의 나는 무엇을 할 수 있게 되었을까?'

이렇게 생각하는 습관을 갖는다. 그러면 아래와 같이 자신의 성장을 실감할 수 있을 것이다.

- 6개월 전의 나에 비해 매일 아침 30분 일찍 일어날 수 있게 되었다.
- 1년 전의 나에 비해 고정 업무를 하는 데 걸리는 시간이 반으로 줄었다.
- 3년 전의 나에 비해 하고 싶은 일에 시간을 사용하면서 하루하루를 알차게 보내고 있다.

이를 바탕으로 '나도 아주 못난 사람은 아니구나'라는 생각이 들어 쉽게 행동으로 착수할 수 있다.

하지만 안타깝게도 과거의 자신에 비해 부족해진 부분이 있을 수도 있다. 그럴 때는 좌절하지 말고 앞으로의 일을 떠올리기 바란다.

구체적으로 '6개월 후, 1년 후, 3년 후에는 지금의 나에 비해 어떤 모습을 하고 싶은가?'라고 생각하는 것이다. 예를 들면 다음과 같다.

- 6개월 후에는 하루 종일 일해도 지치지 않을 만큼의 체력을 기르고 싶다.
- 1년 후에는 영어 업무를 수월하게 처리하고 싶다.
- 3년 후에는 결혼하여 행복한 가정을 꾸리고 싶다.

만약 지금은 잘 되고 있지 않다고 하더라도 지금의 자신과 미래의 자신을 비교함으로써 자기 비하가 아닌 미래를 향한 희망과 전망을 그릴 수 있다. 사람은 실현하고 싶은 미래가 확실하다면 그 방향을 향해 나아가려고 하기 때문이다.

다른 사람이 아닌 자기 자신과 비교한다면 열등감이나 우월감에 빠지지 않고 자신의 성장에 집중하여 행동할 수 있다.

Point!

과거의 자신과 비교해
얼마나 성장했는지 파악한다면
'미래의 성장 가능성'을
쉽게 찾을 수 있다.

10초 만에 할 수 있는 자기 긍정감을 높이는 다섯 가지 행동

최근 자기 긍정감이 하락한 사람이 굉장히 많다고 느낀다. 불안을 느끼는 일이 증가했을 뿐만 아니라, 현실 공간에서 다른 사람과 교류할 기회가 급격하게 감소하면서 다른 사람에게 칭찬이나 감사를 받을 기회가 줄어들고 있기 때문이다. 이러한 생활의 변화는 자기 긍정감을 높일 수 있는 기회를 빼앗는다. 당연한 말이지만 낮은 자기 긍정감은 행동할 의욕을 잃게 만든다. 지금부터 10초 안에 할 수 있는 자기 긍정감을 높이기 위한 다섯 가지 방법을 소개한다.

방법 1

자신에게 지적할 때는→ '알아, 알아'라며 추임새를 넣는다.

이 방법은 자기를 부정하는 버릇이 있는 사람에게 효과적이다. 스스로를 지적하고 있는 자신의 모습을 발견했다면 추임새를 넣듯 마음속으로 '알아, 알아'라고 되뇐다. 그러면 조금은 편안한 기분이 들 것이다.

방법 2
인정받고 싶을 때는→
'열심히 하고 있어'라며 스스로 어깨를 토닥여 준다.

'저 사람에게 인정받고 싶어', '나 나름대로 열심히 하고 있다는 것을 인정받고 싶어'라는 생각이 강한 동기 부여가 되는 경우도 있다. 하지만 자신의 평가를 다른 사람에게 맡기면 인정받지 못했을 때 자기 긍정감이 하락하고 만다.

이럴 때는 먼저 스스로에게 '열심히 하고 있구나'라는 말을 건네며 인정해주도록 한다. 손으로 자신의 반대편 어깨를 토닥이거나 머리를 쓰다듬는 등 실제로 몸을 움직이면서 말을 하면 더욱 효과가 올라간다.

방법 3
머리로만 생각하고 행동하지 않는 자신에게→
맛있는 음식을 먹었던 순간을 떠올린다.

생각에 지나치게 몰두하여 좀처럼 움직일 수 없다. 그런 사람은 머리로만 생각하고 오감을 활용하지 않는 경향이 있기 때문에 오감을 사용하는 훈련을 하는 것이 좋다.

방법은 간단하다. 맛있는 음식을 먹었던 순간을 떠올리는 것이다. 이 액션은 음식을 입으로 넣었을 때의 영상(시각), 맛(미각), 감촉(촉각), 향(후각), 소리(청각), 즉 오감을 총동원하고 있다.

이것을 지속하면 서서히 움직일 수 있게 되면서 결과적으로 자기 긍정감을 높일 수 있다.

방법 4

좋지 않은 기억을 잊고 싶다면 → 입꼬리를 1mm 올린다.

누구에게나 생각한 대로 되지 않는 것이나 싫어하는 것은 존재하지만 그를 필요 이상으로 끄집어내면 자기 긍정감은 하락하고 만다. 그럴 때는 입꼬리를 아주 조금만 올려보도록 하자. 표정과 감정은 연동되어있기 때문에 입꼬리를 조금만 올려도 확실히 기분은 좋아질 것이다.

방법 5

지쳐 있는 자신에게 → 위를 바라보고 크게 기지개를 켠다.

피로한 상태가 지속되는 것도 자기 긍정감이 낮아지는 원인이 된다. 사람은 지치고 피곤하면 시선이 아래로 떨어지고, 등이 구부정해지는 등 신체적으로 닫힌 상태가 된다. 이를 열린 상태로 만들면 피로를 제거할 수 있다. 감정은 몸과 이어져 있다. 따라서 몸이 해방된다면 그에 따라 감정 또한 해방된다.

이것으로 자기 긍정감을 높이는 방법의 소개가 끝났다. 모두 단순하지만 매우 효과적인 액션이므로 꼭 시도해보기 바란다.

PLANNING

'시간 활용 방법 = 인생의 질'이다.

바빠서 움직일 수 없다는 핑계가 사라진다!

시간을
활용하는 방법

행동력을 익히기 위한 중요한 요소 중 하나로 '시간 관리'가 있다. 왜 시간 관리가 필요할까?

왜냐하면 무언가를 해도 하지 않는다고 해도 우리는 '시간'을 기초 자원으로 행동하기 때문이다.

당연한 말이지만 우리는 시간을 연장하거나 단축할 수 없다. 사람은 살아있는 동안 매일, 하루 24시간, 즉 8만 6,400초라는 시간을 자동으로 부여받는다. 예를 들어 1초를 10원이라고 생각하면 모든 사람에게 매일 86만 4,000원이 평등하게 주어지는 것이다. 이 86만 4,000원은 가불이 불가능하며 저금도 할 수 없다.

다시 말해 시간은 사용해도 사용하지 않아도 그날로 끝이다.

극단적으로 말하면 '시간=생명'이라고 할 수 있다. 우리는 모든 행동에 '자기 목숨의 남은 시간'을 사용하고 있는 것이다.

이를 의식하는 것만으로도 행동력은 달라진다.

이번 Part에서는 정말 소중한 것을 위해 시간을 최대한 활용할 수 있는 방법을 소개하려고 한다.

25

어디에 시간을 사용하고 있는지 파악한다

너무 당연한 말이지만 행동하기 위해서는 그 기초 자원이 되는 '시간'이 필요하다. 투자를 하기 위해 자금이 필요한 것과 마찬가지다.

돈의 경우 가계부 작성을 통해 자신의 자산이나 돈을 사용하는 습관과 경향을 파악하는 것이 필요한데, 시간도 돈과 같다고 할 수 있다.

다시 말해 행동할 수 있는 상태가 되기 위해서는 시간의 가계부를 작성하여 '자신이 어떻게 시간을 활용하고 있는지'를 되돌아보는 것이 중요하다. '시간 가계부의 작성'이라고 말은 하지만 어렵게 생각할 필요는 없다.

바로 최근 1주일 동안 자신이 시간을 사용한 내역을 '투자', '소비', '낭비' 세 가지로 분류하고 대략적인 시간을 적는 것뿐이다. 이것도 돈에 관한 사고방식과 비슷하다. 그렇다면 하나씩 살펴보자.

투자

'투자'란 자신의 미래를 그리고 구축하기 위한 시간이다. 학습이나 경험, 건강, 돈독한 인간관계를 위해 사용한 시간이다.

업무 측면에서는 중장기 계획이나 목표의 구상, 부하나 후배의 지도, 전문 분야와 관련된 공부, 업무 효율화, 제안, 기획서 작성, 효율적인 회의 등이 있다.

사생활 측면에서는 미래 설계, 자산 운용, 자기 계발, 화목한 가정 등을 예로 들 수 있다.

소비

'소비'란 생활을 유지하기 위해 사용한 시간을 말한다. 식사, 수면, 휴식, 기분 전환 등 '현재 상태를 유지하기 위해 사용한 시간'이라고 말해도 좋다.

업무 측면에서는 지시받은 업무의 수행, 보고서나 자료의 작성, 회의나 계약의 준비, 업무 진행 확인, 일정 관리, 방문 고객이나 전화 및 문의에 대한 대응, 자질구레한 업무, 연락, 보고,

상담, 휴게, 잡담 등이 이에 해당한다.

낭비

'낭비'는 투자도, 소비도 아닌 시간이다. 딱히 하는 일 없이 뒹굴뒹굴하거나 무의미하게 보내는 시간을 말한다. 목적 없는 인터넷 서핑, 끝없는 유튜브나 TV 시청, 폭음과 폭식, 과도한 밤샘 등이 있다.

업무 측면에서는 일하는 척이나 유명무실한 아침 조례, 스터디, 회의, 누구도 보지 않는 회의록이나 보고서의 작성, 의미 없는 야근, 계속되는 같은 실수의 반복 등이 있다.

여기에서의 포인트는 '낭비' 시간을 '0'으로 만들 필요는 없다는 점이다. 자동차가 회전할 때 어느 정도 범위까지는 반응하지 않도록 여유롭게 설정된 핸들처럼, 뒹굴뒹굴하거나 멍하게 있는 시간 또한 바쁠 때나 피곤할 때일수록 필요하기도 하다. 다만 목적도 없고 창조적이지도 않은 낭비 시간이 있다면 줄여나가도록 하자. 그리고 그 잉여 시간을 자신이나 미래에 대한 투자를 위해 사용한다면 미래는 더 좋은 방향으로 열릴 것이다.

왜냐하면 '투자' 시간이 '0'이라면 '현재 상태 유지'밖에 되지 않기 때문이다. 다시 말해 '바로 행동하는 사람'이 되고 싶다고 생각하면서 소비나 낭비로만 시간을 사용한다면 '바로 행동하고 싶어도 행동으로 옮기지 못하는 사람'으로 영원히 남게 되는 것이다.

　우선은 자신이 시간을 어떻게 활용하는지 확인하도록 하자.

Point!

낭비 시간을 줄이고
투자 시간을 늘린다.

26

시간표를 만들어 원칙을 지킨다

시간표	○ 월 ○ 일	
1 출근 전까지	러닝 running	
2 오전 중	기획서 작성	
3 12:00~15:00	회의 meeting	
4 15:00~퇴근	사무 업무 처리	
5 취침 전까지	휴식 시간 relax	

• '해야 할 일(To Do List)'에 쫓기는 사람
• 너무 바빠서 여유가 없는 사람

바로 행동하는 비법

'하고 싶은 일'을 하는 시간도 확보한다

업무나 생활이 너무 바빠 하루가 끝나면 녹초가 되어 정말로 하고 싶은 일이나 좋아하는 일을 할 시간이 없다. 어떻게 하면 정말로 하고 싶은 일을 위한 시간을 확보할 수 있을까……? 이런 고민을 끌어안고 있는 사람도 있을 것이다.

새로운 도전을 하고 싶어도 시간과 에너지가 없다. 누구나 하루의 과제(task)나 해야 할 일에 쫓긴다면 피폐해지기 마련이다. 업무에서도, 사생활에서도 누가 시켜서 하는 느낌이나 의무감만으로 움직인다면 더욱 심하게 소모하게 된다.

하지만 같은 일을 하더라도 시간 활용 방법을 고민한다면 결과는 꽤 많이 달라진다. 여기에 효과적인 방법이 바로 시간표다. 여기에서 말하는 시간표는 학교 시간표보다 더 대략적인 느낌이다. 구체적인 방법은 다음과 같이 하루를 5개로 구분하

여 각 시간대에 맞는 업무나 과제를 할당하는 것이다.

① 출근 전까지

② 오전 중

③ 12:00~15:00

④ 15:00~퇴근 전까지

⑤ 취침 전까지

이 시간표의 포인트는 그 시간 내에 '해야 할 일을 상세하게 정하는 것'이 아니라, '적어도 하고 싶은 일을 정하는 것'이다. 그리고 남은 시간에 'To Do List'를 처리하거나 일정을 쪼개어 사용하는 것이다.

① 출근 전까지

출근 전까지의 아침 시간은 외부 요인에 가장 좌우되지 않는 시간대다. 따라서 자신이 중요하다고 생각하는 일은 되도록 이 시간대에 넣는다. 예를 들어 운동이나 공부, 명상 등 업무 이외의 일을 예로 들 수 있다.

② 오전 중

오전은 비교적 쉽게 집중할 수 있는 시간대다. 머리를 써야 하는 일이나 창조적인 일은 가능한 이 시간대에 하는 것이 좋다. 예를 들어 중장기 계획의 구성, 기획서나 제안서 작성, 신사업 구상 등이 있다. 남은 시간에 'To Do List'를 확인하는 것이 좋다.

③ 오후 3시까지

점심 식사 후인 오후 3시까지는 집중력이 흐트러지기 쉬운 시간대다. 혼자 진행하는 업무가 아닌, 회의, 협상, 면담, 거래 상담, 일정 조정 등 다른 사람과 함께 하는 업무를 넣는 것이 좋다.

④ 퇴근 전까지

오후 3시 이후에는 퇴근이 얼마 남지 않았다는 마감 효과에 의해 다시 집중력이 높아지므로 보고서 작성이나 각종 절차, 사후 처리 등 귀찮지만 필요한 업무를 하는 것을 추천한다. 또한 앞에서 서술했듯 다음 날 일정을 확인하여 할 수 있는 최고의 성과와 핵심 액션 세 가지를 미리 정하는 것도 좋은 방법이다.

⑤ 취침 전까지

퇴근 후에는 업무에 대한 생각은 지워버리고 마음을 안정시키거나 즐기는 시간, 마음의 영양을 보충하는 시간을 확보한다. '맛있는 밥을 먹는다, 술을 마신다, 친구와의 대화를 즐긴다, 취미에 몰두한다, 반신욕을 한다' 등이 있다. 또한 '오늘 좋았던 점' 세 가지를 떠올린 후 잠자리에 드는 것을 추천한다.

Point!

일정을 너무 세세하게
나누지 않도록 주의한다.

업무 시간을
15분 단위로 나눈다

시간을 효율적으로 사용하고 싶지만 자신도 모르게 인터넷 뉴스를 본다던가 스마트폰을 만지작거리는 등 결국 허무하게 시간을 소비한다. 그 시간이면 미루고 있던 일을 끝낼 수 있었을 텐데…….

우리가 결국 이렇게 되는 이유는 업무에 시간제한을 설정하기 않았기 때문이다.

뇌 과학 실험에서도 적절하게 시간을 제한하는 것은 그러지 않았을 때보다 뇌가 더 활성화되어 집중할 수 있다는 사실이 증명되었다.

혹시 '파킨슨의 법칙'에 대해 들어본 적이 있는가? 파킨슨의 법칙은 '일은 주어진 시간에 따라 최대한 팽창한다'라는 심리학의 유명한 법칙이다. 예를 들어 15분 만에 할 수 있는 업무도 30분이라는 시간이 존재하면 결과적으로 30분의 시간을 들이게 된다는 것이다.

이처럼 시간을 제한하지 않으면 하나의 일을 끝내는 데 필요 이상의 시간을 소비하게 된다. 반대로 말하면 어떤 업무라도 시간에 제한을 두면 집중력이 높아지면서 빠른 시간 안에 끝낼 수 있다는 것이다.

이 책에서는 시간을 15분 단위로 구분하는 것을 추천한다. 15분이 짧다고 느낄지도 모르지만 집중할 수 있다면 그만큼 더 많은 일을 할 수 있다.

그리고 60분, 90분 등 비교적 시간을 길게 나누면 자신도 모르게 방심하게 되어 시작한 후의 15~20분을 허비할 가능성이 있다.

시간을 측정할 때는 시계가 아닌 카운트다운을 할 수 있는 도구를 활용하는 것을 추천한다.

필자는 주방용 타이머를 애용하는데 최근에는 스마트폰 애플리케이션 등 편리한 도구도 많이 등장했다. 소리뿐만 아니라

진동이나 빛의 점멸로 시간을 알려주기도 하니 일하는 도중에도 주변을 신경 쓰지 않고 활용할 수 있다.

그리고 15분에 대한 실마리로 앞에서 언급한 '10초 액션'을 활용하기 바란다.

기획서 작성을 예로 들면, '기획서 포맷 열기', '관련 자료 꺼내기' 등 스스로 정한 10초 액션을 계기로 업무에 착수하는 것이다.

포인트는 '15분 안에 여기까지 끝내겠어!'라고 마음먹은 후 시작하는 것이다. 아니면 '15분 안에 어디까지 끝낼 수 있을까'라는 게임과 같은 감각으로 도전하는 것도 좋은 방법이다.

이를 계속해 나가면 '15분으로는 부족하다', '15분은 너무 길어 집중할 수 없다'라고 생각하는 사람이 생길지도 모른다.

그럴 때는 타이머 설정을 20분으로 연장하거나 10분으로 단축하는 등 조정하면 된다.

반복하여 실천하면 자신이 가장 집중할 수 있는 시간의 단위를 찾을 수 있을 것이다.

Point!

여러 번 반복하다 보면
자신이 가장 집중할 수 있는
시간의 단위를 찾을 수 있다.

28

'최고 집중하는 30분'을 하루 두 번 확보한다

이런 사람에게 추천

• 하고 싶은 일에 좀처럼 손을 댈 수 없는 사람
• 업무의 매너리즘에 빠진 사람

바로 행동하는 비법

30분이라도 좋으니 지금의 자신을 전부 발휘한다.

사람은 하루 종일 계속 높은 집중력을 유지할 수 없다. 진정으로 집중할 수 있는 시간은 하루 중 정말 얼마 되지 않는다.

이렇게 짧은 시간을 효율적으로 활용할 수 있는지 아닌지에 따라 행동의 질은 달라진다.

모든 사람에게는 '집중하기 좋은 시간대'가 있는데, 그 시간대는 사람에 따라 아침 일찍 혹은 점심시간 전, 저녁 등으로 매우 다양하다. 그 시간대에 30분 동안 '가장 중요한 일'에 진심으로 임해 보자. 평소에는 쉽게 미루게 되는 일이었지만 자신에게 중요한 일, 정말 하고 싶은 일을 시작하는 것이 가장 좋다. 이른바 '급하지는 않지만 중요한 일'이다. 그 일을 하루에 두 번 실천하는 것이다.

시간대와 해야 할 일이 정해지면 프로 운동선수가 중요한 시합에 임할 때와 같이 진심으로 최선을 다하기 바란다. 이때 이어캡을 끼거나 타이머로 시간을 측정하면 더욱 집중할 수 있다.

만약 30분이라도 최고의 집중력을 발휘할 수 있다면 미루는 습관은 줄어들고 성취감도 얻을 수 있다.

Point!

평소와는 다른 분위기를 조성하여
특별한 느낌을 연출한다.

29

소요 시간별 기분 전환 방법을
미리 정한다

이런 사람에게 추천

• 쉽게 기분이 가라앉는 사람
• 금방 스트레스가 쌓이는 사람

바로 행동하는 비법

몸과 마음이 피로하다고 느껴지면
바로 기분을 전환할 수 있도록 준비한다

업무에서 실패하거나 생각대로 진행되지 않는 상황이 지속될 때 기분 전환을 잘하는 사람은 바로 감정을 새롭게 바꿀 수 있다. 그러나 기분 전환이 서툰 사람은 나쁜 감정을 질질 끌고 간다.

그렇다면 능숙한 기분 전환과 미숙한 기분 전환의 차이는 어디에 있을까?

그 차이는 바로 기분 전환의 방법을 미리 결정하는 데 있다.

행동력이 있는 사람이 '언제나 최상의 컨디션'이라는 말이 아니다. 오히려 일을 많이 하는 만큼 잘되지 않는 경우도 많을 것이다. 하지만 그들이 계속 행동할 수 있는 이유는 체력과 집중력을 회복하기 위한 리프레시 방법이나 우울한 감정을 바로잡는 방법, 다르게 말하면 '자기 취급 설명서'를 가지고 있어 '언제, 어디에서나 즉시' 실행하고 있기 때문이다.

기분 전환 방법은 구체적으로 심호흡이나 스트레칭, 산책, 달콤한 음식 섭취 등 '몇 분 만에 할 수 있는 일'과 낮잠, 청소, 러닝, 반신욕 등 '30분 정도 있으면 할 수 있는 일', 여행이나 영화 감상 등 '어느 정도 시간이 필요한 일', 세 종류로 나누어 정해 둔다. 그러면 어떠한 일을 처음부터 다시 해야 할 때 상황에 맞게 바로 기분 전환할 수 있을 것이다.

Point!

기분 전환은 '이 일이 끝나면
○○ 할 수 있다!'라는
포상 효과도 기대할 수 있다.

시간의 질을 높이는 네 가지 질문

시간 운용에는 두 가지 측면이 있다.

하나는 '작업의 효율화'이고 또 다른 하나는 '시간의 질적 향상'이다. 다시 말해 '자신에게 가장 중요한 일, 가치 있는 일에 시간을 사용하고 있는가?'라는 것이다.

'작업의 효율화'에 대해서는 Part 04에서 소개하였으므로 여기에서는 두 번째 '시간의 질적 향상'의 측면에서 해결의 힌트를 제시하려고 한다.

시간의 질을 향상하기 위해서는 다음 두 가지 관점에서 생각하는 것이 좋다.

① 성과가 나오고 있는가?
② 몸과 마음의 컨디션은 좋은가?

①의 성과에 대해서는 말할 필요도 없다. 아무리 시간 활용을 잘하고 있다고 하더라도 조금도 성과로 이어지지 않으면 의미가 없다. 가끔 시간 운용 자체가 목적이 되어버리는 경우도 있는데, 그것은 주객이 전도되는 것이니 주의해야 한다.

그렇다면 ②의 몸과 마음의 컨디션은 왜 중요할까?

그것은 '무엇을 할까'보다 '어떤 상태로 있을까'가 퍼포먼스에 더 큰 영향을 미치기 때문이다.

우리는 '무엇을 할까?' 혹은 '어떻게 할까?'에만 주력하기 쉽다. 그러나 무엇을 하더라도 행동의 원동력이 되는 것은 '몸과 마음의 건강'이다. 행동의 질을 더욱 높이고 싶다면 '몸과 마음의 상태' 또한 중요하게 생각해야 한다.

몸이 불편한 상태가 지속되거나 극도로 심한 스트레스에 노출되어 있다면 퍼포먼스를 발휘할 수 없다. 또한 '성과를 창출하는 오직 나만 가치가 있다', '나는 무엇을 해도 안 된다'라는 심리 상태에서는 행동의 질을 향상하기 어렵다.

이는 매우 당연한 이야기처럼 들리겠지만, 특히 많은 직장인들이 몸의 상태를 돌보지 않고 성과에만 몰두하다가 컨디션(몸과 마음의 건강과 상태)을 더욱 악화시켜 결과적으로 시간의 질을 떨어뜨리는 경우가 많다.

시간의 질을 향상하고 싶다면 한 달에 한 번 스스로에게 아래와 같이 네 가지 질문을 던져보자.

질문 1. 이번 달 성과가 나온 일
질문 2. 이번 달 성과가 나오지 않은 일
질문 3. 몸과 마음의 컨디션이 향상된 요인
질문 4. 몸과 마음의 컨디션이 하락한 요인

그리고 '이번 달 성과가 나오지 않은 일'과 '몸과 마음의 컨디션이 하락한 요인'을 온 힘을 다해 제거하고, '이번 달 성과가 나온 일'과 '몸과 마음의 컨디션이 향상된 요인'을 늘려나가자. 이런 의식을 가지고 있는 것만으로도 시간의 질은 향상될 것이다.

MOTIVATION

행동력은 인생을 바꾸는 토대가 된다.

중요한 것은 '행동력을 활용해 무엇을 할지'

고민하는 것이다.

PART
05

꿈과 목표를 향해
한 걸음 내디딘다!

EXPERIENCE

행동 사고를
익히는 방법

지금까지 '바로 행동하는 사람'이 되기 위한 구체적인 비법을 전달했다. 이 책을 읽고 실천해 본 사람은 이전에 비해 더 잘 움직일 수 있게 되었을 것이다.

그러나 이것만으로 만족하지 않았으면 좋겠다. 바로 행동으로 옮길 수 있게 된 당신이 부디 '인생을 바꾸는 경험'을 하길 바란다.

필자는 인간의 행동을 크게 두 가지로 나눌 수 있다고 생각한다. 마이너스 상태를 원점으로 되돌리는 제로베이스 행동과 긍정적인 가치를 창출하는 플러스 행동이다.

이는 미국의 임상심리학자 프레더릭 허즈버그(Frederick Herzberg)가 제창한 '동기 부여 이론'을 바탕으로 누구나 이해하기 쉽도록 필자가 직접 만든 말이다.

허즈버그는 '사람의 동기 부여를 구성하는 요인'을 '위생 요인'과 '동기유발 요인' 등 두 가지로 나눌 수 있다고 제창했다.

전자인 '위생 요인'은 불만과 부족과 관련된 요소를 말하며, 후자인 '동기유발 요인'은 만족감과 성취감, 행복과 관련된 요인을 말한다.

다시 말해 불만과 부족이라는 과제를 없애기 위한 행동이 '제로베이스 행동'이며, 만족감과 성취감, 행복을 얻기 위한 행동을 '플러스 행동'이라고 인식하면 된다.

예를 들어 정리 정돈의 경우 '필요 없는 물건을 버린다', '사용한 물건을 제자리에 돌려놓는다', '청소를 한다' 등은 '제로베이스 행동'에 해당한다.

그리고 정리한 공간에서 어떤 시간을 보내고 싶은지를 상상하며 '이상을 실현하기 위해 필요한 물건을 갖춘다', '가구 배치를 바꾼다' 등이 '플러스 행동'에 해당하는 것이다.

지금까지 해설한 '바로 행동하는 사람'이 되기 위한 노하우는 기본적으로 '제로베이스 행동'을 촉진하기 위한 것으로 행동력의 바탕이 되는 스킬이다. '제로베이스 행동'을 매끄럽게 할 수 있으면 업무의 효율성도 높아지고 좋은 습관을 익힐 수 있다. 그러나 그것만으로는 당신의 꿈과 목표를 실현하는 것은 불가능하다.

행동력을 갖춘 햄스터가 쳇바퀴를 빨리 돌릴 수 있게 되더라도 무언가를 창출하는 것은 아니라는 점과 같다.

그렇기 때문에 '제로베이스 행동'과 더불어 '정말로 어떻게 하고 싶은가', '확보한 시간을 어디에 사용하고 싶은가'에 대해서도 고민해야 할 필요가 있다.

그것이 바로 '플러스 행동'이다.

당신은 '제로베이스 행동'으로 만들어진 시간을 사용하여 어떤 도전을 해보고 싶은가?

자신의 인생을 더욱 풍성하게 만들기 위해 진짜로 하고 싶은 일, 도전하고 싶은 일을 명확하게 구체화하고 그를 실현하기 위한 행동이 바로 '플러스 행동'이다.

당신만이 가지고 있는 개성이나 가치관, 재능을 바탕으로 즐기고 유유자적하며 가치를 창출하고 성장하는, '바로 행동하는 사람'이 되어 '플러스 행동'에 시간을 사용할 수 있게 된다면 날마다 즐겁고 보람차게 보낼 수 있다.

'플러스 행동'은 다음 세 가지 단계를 완수하면 누구나 할 수 있다.

① 목표를 세운다.
② 목적을 명확히 한다.
③ 구체적인 실천 내용을 결정한다.

이번 Part에서는 그 방법에 대해 순서대로 해설하고자 한다.

30

인생을 바꾸기 위해서는 '원대한 목표'가 필요하다

• 꿈과 목표가 있다.
• 눈앞의 일로 벅차서 아무 생각도 할 수 없다.

성공의 비결

'가고 싶은 미래'를 생각한다.

인생을 풍성하게 하기 위해서는 꿈과 목표가 필요하다. 꿈과 목표는 '플러스 행동'의 원동력이 된다. 목적지를 입력하면 그곳까지 안내해주는 내비게이션과 마찬가지로 목표가 명확하다면 우리는 자발적으로 움직일 수 있다.

그렇다고 하더라도 목표를 단순히 언어화, 수치화만 한다고 행동할 수 있게 되는 것은 아니다.

종종 목표의 세분화와 구체화에 목숨을 거는 사람이 있는데, 그것만으로는 정작 행동하는 단계가 되면 좀처럼 나아갈 수 없는 경우가 많다.

왜냐하면 과거의 연장선 위에서 '지금 자신이 할 수 있는 범위'의 꿈과 목표를 세우려고 하기 때문이다. 예를 들어 '전년 대비 매출 10% 증가'나 '이전 시험 점수 대비 10점 상승'이라는 목표가 '진심으로 실현하고 싶은 목표'는 아닐 것이다.

'실패하고 싶지 않다, 실망하고 싶지 않다, 잔소리 듣고 싶지 않다, 편안해지고 싶다'라는 감정으로 예정 조화적인 목표가 되어버리는 것이다. 그러나 무난한 목표는 수립한다고 하더라도 감정이 움직이지 않기 때문에 행동 스위치는 켜지지 않는다.

인생을 바꾸기 위해서는 터무니없을 정도로 '원대한 목표'가 필요하다. '원대한 목표'란 실현 가능성이나 감정 브레이크에 사로잡히지 않는 '진심으로 실현하고 싶은 목표'를 말한다.

'원대한 목표'는 '여행'과 닮았다.

사람은 여행을 가지 않고도 살아갈 수 있다. 그러나 '하루, 일주일, 1개월, 1년을 해야 할 일만 하다가 끝난다', '무언가 부족하다', '보람이 없다', '뒹굴뒹굴하고 있지는 않지만, 아무것도 하지 못한 채 시간만 흘러간다'라고 느끼는 사람이야말로 '여행=원대한 목표'가 필요하다. '원대한 목표'가 없는 사람은 여행에 목적지를 정하지 않고 매일매일 방황하는 것과 같다. 가고 싶은 미래가 정해져 있지 않기 때문에 다른 사람의 지시나 사회 정세에 쉽게 좌우되며 눈앞의 일에 일희일비하고 기쁜 일도, 힘든 일도 모두 그때에 그치고 만다. 전부 단편적이고 일시적인 것이다.

그렇게 해서는 애써 하는 행동도, 노력도, 수고도 쌓아 올릴 수 없다.

예를 들어 같은 회사에서 근무하는 30대 사원 A와 B가 있다고 가정하자.

A는 '자신은 일생을 그저 사원인 채로 끝나는 인간'이라고 생각하고 막연하게 살아간다. 어쨌든 무난하게 생활할 수 있으면 된다, 해고되지 않으면 괜찮다고 생각하면서 하루하루 업무를 수행한다. 그러나 문제가 발생했을 때 '아, 왜 이런 힘든 일에 휘말렸을까……. 누가 나 좀 살려줘'라고 생각할 것이다.

그에 비해 B는 '나는 미래에 경영자가 될 거야'라는 '원대한 목표'를 가지고 있다. 지금 다양한 경험을 쌓고 싶다는 생각으로 매일의 업무에 몰두하고 있다. B는 문제 상황에 닥쳤을 때, '좋았어! 어떻게든 극복할 거야. 내가 사장이 되었을 때 이보다 더욱 복잡하고 해결하기 곤란한 문제에 직면할 수도 있을 테니 이것도 좋은 경험이야'라고 생각한다.

같은 상황이라도 '원대한 목표'의 유무에 따라 그를 받아들이는 방법이 전혀 다르다. 그리고 그 차이는 하나하나의 사고와 선택, 결단, 행동에 큰 영향을 준다.

예를 들어 자기 생각과는 다른 업무를 하고 자신이 원하는 상황은 아니더라도 '원대한 목표'가 있다면 모든 행동과 도전, 수고가 본인이 가고 싶은 미래를 실현하기 위해 필요한 자원이 된다.

과거의 실패나 떠올리고 싶지 않은 경험도 '누군가의 도움이 되기 위해 필요한 것'이라고 생각할 수 있는 날이 반드시 온다. 무엇보다 크게 관심이 없던 하루가 즐거워지고 보람차기 시작할 것이다.

Point!

'원대한 목표'는
우리의 사고나 결단,
행동에 큰 영향을 미친다.

31

'욕망'에 집중하면
진심으로 하고 싶은 일이 보인다

예를 들어 주어진 업무의 목표 수치를 달성하기 위해 고객과 약속을 잡아야만 하는 상황이지만 좀처럼 행동으로 옮기지 못한 경험을 한 사람도 있을 것이다. 도대체 왜, 명확한 목표가 있는데도 행동할 수 없는 것일까?

그것은 바로 목표에 '욕망'이 없기 때문이다. 솔직히 재미도 없고, 하고 싶은 마음도 들지 않기 때문에 행동 스위치가 켜지지 않는 것이다.

사람은 욕망이 없으면 행동할 의욕이 솟아나지 않는다. 반대로 말하면, 사람은 자신이 정말로 하고 싶은 일이라면 얼마든지 열심히 하고 계속할 수 있으며 성장할 수 있는 성질을 가지고 있다.

욕망이 없는 목적은 진정한 목표라고 말할 수 없는 것이다.

예를 들어 경영자가 되고 싶다; 해외로 이주하고 싶다, 취미를 살려 사업적으로 독립하고 싶다, 지방으로 이사하여 농사를 짓고 싶다, 에베레스트에 등반하고 싶다 등. 이렇게 한 번 제약을 없애고 생각해 보기 바란다.

하지만 이러한 꿈과 목적은 마음속 깊은 곳에 숨어 드러나지 않은 경우가 많다. 그렇기 때문에 '원대한 목표'를 발견하기 위한 가장 첫 단계는 자신의 '욕망'을 파악하는 것이다.

'욕망'이라고 하면 좋지 않은 이미지를 가지고 있는 사람이 있을 수도 있지만, 여기에서 말하는 '욕망'이란 '마음속 깊은 곳에 있는 순수한 감정, 마음을 흔들 만한 희망과 소망, 기대'를 의미한다.

뇌에는 본능 행동과 감정에 중요한 역할을 하는 낡은 뇌인 '대뇌변연계'와 대뇌변연계의 위에 위치한 새로운 뇌인 '대뇌신피질'이 있다.

낡은 뇌인 대뇌변연계는 생명 유지를 위해 작용하며 감정과 행동을 담당하고 있다.

반면 새로운 뇌는 상황에 맞는 적절한 행동을 하기 위해 고도의 학습 능력이 있어 언어를 담당하고 있다.

다시 말해 목표를 아무리 명확하게 세운다고 하더라도 단어 수준의 목표라면 행동으로는 이어지지 않는다. '머리로는 행동하는 것이 좋다는 사실을 알고 있지만 움직일 수 없는' 상태인 것이다.

'감동(感動)'이라는 표현은 있어도 '지동(知動)'이라는 표현은 없듯이 사람은 이론이 아닌 감정으로 움직인다. 행동하고 싶다면 감정과 행동에 관여하는 낡은 뇌, 대뇌변연계에 접근할 필요가 있는 것이다.

그런 점에서 '욕망'이라는 감정을 활용하면 언제나 자유자재로 뇌에 접근할 수 있다. 욕망이란 생각하는 것이 아니라 느끼는 것이기 때문이다.

그렇지만 갑자기 욕망이라는 말만 듣고서 욕망을 파악하기란 쉽지 않다. 다음 장에서 자신의 마음에 잠들어 있던 내면의 욕망을 표면으로 드러내는 비법에 대해 전달한다.

Point!

'머리로 생각하는 것'과
'마음으로 느끼는 것'의
차이를 의식한다.

32

'머리의 소리', '몸의 소리', '마음의 소리'를 나누어 듣는다

• '자신의 기분'을 소중히 한다.
• '자신의 기분'보다 '상식이나 세상에 대한 체면'을 소중히 한다.

성공의 비결
지금 하고 있는 생각이 '진심'인지 거듭 확인한다.

자신의 욕망을 확인하는 비법, 그것은 '마음의 소리'에 귀를 기울이는 것이다. 사실 우리의 사고는 다음과 같이 세 가지로 나눌 수 있다.

• 머리의 소리 : 평소에 생각하고 있는 것. '하지 않으면 안 돼', '해야만 해'라는 의무감.
• 몸의 소리 : 몸의 상태나 컨디션. '어깨가 딱딱해', '목이 아파' 등.
• 마음의 소리 : 느끼고 있는 것 또는 기분. '하고 싶어', '원해' 라는 욕구.

평소 우리가 자신의 감정에 대해 생각할 때, 이런 세 가지 소리는 잠재되어 있거나 아니면 특정 소리(특히 머리의 소리)만 듣기 쉽다.

예를 들어 좀처럼 행동으로 옮길 수 없어 고민하는 사람들의 대부분은 '머리의 소리'만 듣고 있다. 또한 몸 상태가 계속 좋지 않은 사람은 '몸의 소리'를 무시하고 육체를 혹사하고 있는 경우가 많다.

우선 자신의 욕망을 파악하기 위해서는 매일 조금씩 세 가지 소리를 각각 들어보는 것이 좋다. 그리고 내면에 숨어 있는 '마음의 소리'를 표면화해 나가는 것이다.

'원대한 목표'를 세울 때의 최고의 비법은 '실현할 수 있는가?'보다 '실현하고 싶은가?'를 중시하는 것이다.

하지만 많은 사람이 '나에게는 무리다', '돈이 없다' 등 '머리의 소리'의 방해로 생각을 멈춰버리고 '마음의 소리'에 뚜껑을 덮어버린다.

'마음의 소리'를 표면화하기 위해서는 자신과의 대화가 필요하다. 구체적으로 '정말 나는 어떻게 하고 싶은가?'라는 간단한 질문을 스스로에게 던지는 것이다.

과거의 실패나 현재의 바쁜 상황은 우선 잠시 내려놓고, '나는 진심으로 어떻게 하고 싶은가?'를 묻고 이상적인 미래를 그려본다.

예를 들어 당신이 '요즘 피곤하다'라고 막연하게 생각하면서 일을 하고 있다고 가정하자. 그런 자신에게 '정말로 어떻게 하고 싶은지'를 질문해 보기 바란다.

비법은 '세 가지 소리를 나누어 듣는 것'이다.

맨 처음에는 '지금은 너무 바쁘고 동료에게 폐를 끼치지 않기 위해 열심히 해야만 해'라는 머리의 소리가 들려올 것이다. 그러나 이것은 진심은 아니다.

머리의 소리를 들은 후, '그런데 정말로 어떻게 하고 싶은가?'라고 다시 한번 물어보자. 이를 반복하면 '최근 몸 상태도 좋지 않고, 어깨도 심하게 뭉쳤어. 밤에는 잠도 잘 오지 않고, 이전보다 업무에 집중할 수 없게 되었어'라는 몸의 소리가 들려올 것이다.

이에 '그렇다면 정말로 어떻게 하고 싶은가?'라고 또다시 질문한다. 그러면 '2~3일 휴가를 받아 몸과 머리를 쉬게 하고 싶어', '온천에서 느긋하게 즐기고 싶어', '취미인 도자기 공예에 몰두하고 싶어'라는 마음의 소리, 즉 욕망이 들려올 것이다.

이렇게 자신의 속마음을 조금씩 표면화해 나가면 된다.

이는 '원대한 목표'에 관해서도 마찬가지다.

예를 들어 '기업을 세우고 싶다'라고 어렴풋이 생각은 하지만 실현을 위해 움직일 수 없을 때는 '나는 능력이 없다' 혹은 '다른 사람에게 비웃음을 당한다' 등 '머리의 소리'만 듣고 있을 가능성이 높다. '정말로 어떻게 하고 싶은가?'라는 질문을 계속한다면 '취미인 아웃도어 관련 사업을 시작하고 싶다' 등 '마음의 소리'에 근거한 '원대한 목표'가 조금씩 구체적으로 다가올 것이다. 바로 답이 나오지 않더라도 초조해하지 말고 '정말로 어떻게 하고 싶은가?'라는 질문을 계속 던진다면 '마음의 소리'를 깨달을 수 있다.

스스로 '정말로 어떻게 하고 싶은지'를 알고 있다면, 판단과 결정을 할 때 길을 잃지 않게 된다. 그 결과 꿈을 향한 도전을 시작할 수 있는 것이다.

Point!

아직 익숙하지 않은 동안에는
'점심 메뉴는 무엇으로 할까' 등
간단한 질문부터
'정말로 어떻게 하고 싶은지'를 묻는다.

33

'목적'과 '실천 내용'을
구체적으로 생각한다

자신이 진심으로 하고 싶은 일을 깨달은 후에는 '목적'과 '실천 내용'을 명확히 해야 한다. '실천 내용'이란 '언제, 어디서, 무엇을 할지'를 결정하는 것이다.

예를 들어 '영어로 대화하고 싶다'라는 목표를 가진 두 사람이 있다고 가정하자.

A는 '영어로 말할 수 있으면 미래에 도움이 되기 때문에'라는 막연한 목적밖에 없다. 이 상태에서 바로 공부를 시작할 수 있을까? '오늘은 단어를 외울까? 아니면 해외 드라마를 영어 자막으로 볼까. 역시 문법을 공부해야 하나?'라며 방황하다가 '뭐, 내일부터 해도 되겠지'가 되어버린다.

반면 B는 '1년 안에 외국계 기업으로 이직하기 위해 영어를 습관화하고 싶다'라는 명확한 목적을 가지고 있다. 게다가 이직에 더욱 유리하도록 토익 시험을 800점 이상 받아야 할 필요가 있다. 그러기 위해서는 듣기 실력을 향상하는 것이 필수이므로 우선 기출 문제를 풀면서 듣기 공부를 최우선으로 하기로 한다. 이렇듯 '목적'과 '실천 내용'이 명확하면 바로 공부를 시작할 수 있다.

Point!

'○○를 위해
××를 한다'라는 사고가
행동의 원동력이 된다.

34

자신의 가치관을 이해하면
진정한 목적이 보인다

• 자신이 중요하게 생각하는 가치관을 알고 있다.
• 목적을 생각하는 습관이 없다.

성공의 비결

자신이 '어떤 일에 기쁨을 느끼는지' 탐구한다.

여기까지 책을 읽으면서 '왜 그 일을 하고 싶은가? 다시 목적에 대한 질문을 받아도 확실하게 대답할 수 없다. 애초에 목적이 불명확해서 고민이기에 목적을 분명히 할 수 있는 방법을 알고 싶다'라고 말하는 사람도 있을 것이다.

어떻게 하면 행동하는 목적을 명확히 할 수 있을까?

지금까지 1만 5,000명이 넘는 사람들의 꿈과 목표의 실현을 위해 도움을 주면서 깨달은 사실이 있다. 사람이 행동하는 목적은 개인의 가치관에 기인한 것으로 그 가치관이 세 가지로 분류된다는 점이다.

세 가지 가치관이란 바로 '① 다른 사람과의 관계', '② 달성', '③ 기술의 추구'이다.

'① 다른 사람과의 관계'는 감사를 받거나 인연이 깊어지는 등 충실한 인간관계를 중요하게 생각하는 가치관이다. '고마워'라는 말을 들으면 동기 부여가 되는 사람, 팀원이 모두 참여하여 결과를 내는 것에 기쁨을 느끼는 사람, 부하나 후배의 육성과 성장에 관심이 있는 사람 등은 '① 다른 사람과의 관계'를 소중히 하는 것이다.

'② 달성'은 문자 그대로 목표의 달성이나 곤란한 문제의 극복을 중요하게 생각하는 가치관이다. 목표나 신기록의 달성이 걸려 있으면 의욕이 생기고, 자신의 성장과 승진, 승급 등에 대해 다른 사람보다 의욕적인 사람은 이 가치관을 중요하게 생각한다고 말할 수 있다.

마지막 '③ 기술의 추구'는 전문성을 키우거나 자신의 의사나 개성이 존중받는 것을 중요하게 생각하는 가치관이다. 독창성이나 독자성을 추구하고 싶은 사람, 개발과 연구, 창의적인 공부를 좋아하는 사람은 이 가치관을 중요하게 여긴다.

이들은 우리 사고의 기본이기에 세 가지 모두 중요하며, 누구나 세 가지 가치관을 가지고 있다. 다만 사람에 따라 우선순위가 다르다. 자신이 가장 중요하다고 생각하는 가치관을 바탕으로 '무엇을 위해서?', '누구를 위해서?'를 생각한다면 자신에게 맞는 목적을 설정할 수 있다.

예를 들어 '이번 달 ○○만원 매출 달성'이라는 목표가 있다고 가정하자.

세 가지 가치관 중 '② 달성'을 가장 중요하게 생각하는 A는 매출 목표 달성이 자신의 가치관 그 자체이기 때문에 바로 행동으로 옮길 수 있다.

반면 '① 다른 사람과의 관계'를 가장 중요하게 생각하는 B는 금액과 관련된 목표만으로는 마음에 들지 않는다. 예를 들어 '필요로 하는 ○명에게 상품을 전달한다', '상품 판매를 통해 미소 지을 수 있는 사람을 늘린다'라는 자신의 가치관에 근거한 목적을 설정한다면 행동으로 이어질 수 있다.

또한 '③ 기술의 추구'를 중요하게 생각하는 C는 '누구나 매월 ○○만원 매출을 올릴 수 있는 판촉 마케팅 전략을 개발한다', '나만이 할 수 있는 방법으로 ○○만원 매출을 달성한다'라는 목적을 설정하면 쉽게 행동할 수 있다.

업무가 아닌 경우, 예를 들어 다이어트라면 '① 다른 사람과의 관계'의 가치관을 가진 사람은 '살을 빼서 연애를 하고 싶다', '② 달성'의 가치관을 가진 사람은 '3개월 안에 체중을 5kg 감량하여 개인 최저 몸무게를 갱신한다', '③ 기술의 추구'의 가치관을 가진 사람은 '식사를 조절하고 운동 계획을 세워 독자적인 다이어트 방법을 개발한다' 등의 목적을 생각할 수 있다.

이처럼 자신의 가치관을 파악함으로써 당신에게 어울리는 목적을 설정할 수 있다.

Point!

①~③ 가치관의 특징을
종이에 적은 후
검토하고 확인한다.

35

세 개의 마일스톤을 세운다

지금까지는 '목적'을 찾는 방법에 대해 이야기했다. 이제부터는 '실천 내용'을 명확하게 하는 방법을 소개하려고 한다.

예를 들어 '1년 안에 외국계 기업으로 이직하기 위해 토익 점수를 800점 이상 받는다'라는 목표를 설정해도 바로 행동으로 옮길 수 없는 경우가 있다. 목적이 명확해지면 '좋았어! 내일부터 열심히 영어 공부할 거야!'라는 마음은 생기지만, 막상 다음 날 아침이 되면 어디부터 손을 대야 할지 몰라 헤매는 사이에 시간은 사라져버린다.

이렇게 되는 이유는 '실천 내용'이 애매하기 때문이다.

'실천 내용'은 다음 두 가지 단계를 거치면 간단히 명확해질 수 있다.

① 현재 상태와 목표 사이에 세 개의 '마일스톤'을 배치한다.

② 마일스톤을 '세분화'한다.

여기에서는 '① 현재 상태와 목표 사이에 세 가지 마일스톤을 배치한다'에 대해 전달하려고 한다.

목적은 분명해졌지만 무엇을 먼저 하면 좋을지 망설여지거나, 무엇부터 시작해야 할지 알지 못하는 등 액션 플랜이 명확하게 그려지지 않을 때는 현재 상태와 목표 사이에 세 개의 마일스톤을 배치해 보자.

마일스톤(milestone)이란 직역하면 '길잡이, 이정표'를 의미한다. 목표를 실현해나갈 때, 도중의 척도가 되는 작은 목표라고 할 수 있다.

예를 들어 '1년 이내에 외국계 기업으로 이직하기 위해 토익 점수를 800점 이상 받는다'라는 목표의 마일스톤은 다음과 같다.

① 먼저 3개월 안에 650점을 목표로 한다.

② 그다음 6개월 안에 듣기 부분에서 800점 이상의 실력을 키운다.

③ 그것을 달성했다면 독해 부분에서 800점 이상의 실력을 키운다.

물론 마일스톤의 내용은 사람이나 상황에 따라 다르다.

만약 한 번도 토익 시험을 본 적이 없고 어떤 시험인지 알지 못하는 경우, '① 우선 3개월 안에 650점을 목표로 한다'라는 마일스톤은 너무 허들이 높다. 이때는 최초의 마일스톤을 '우선 기출 문제를 풀어 본 뒤, 현재 몇 점을 받을 수 있는 수준인지 확인하여 현재 점수+100점을 목표로 한다'로 두는 편이 더 적절하다.

어쨌든 목표에서 거꾸로 계산하면 대략적인 마일스톤을 설정할 수 있다. 갑자기 토익 점수 800점을 목표하는 것보다 세 개의 작은 목표를 세운 후, 가장 첫 번째 목표를 이루고자 하는 것이 더 쉽게 행동할 수 있으며 마일스톤 자체로도 성취감을 느낄 수 있다.

물론 이 마일스톤은 어디까지나 임시 결정이므로 실제로 행동해보고 매끄럽지 않은 경우에는 수정해도 상관없다.

또한 '마일스톤은 반드시 세 가지를 세워야 하는가?'라는 질문을 종종 받는다. 마일스톤이 세 개 미만이면 행동을 구체적으로 그릴 수 없으므로 추천하지 않는다. 다섯 개 정도까지 늘리는 것은 괜찮다.

Point!

숫자와 기준을 이용하면
마일스톤을 더욱 알기 쉽게
세울 수 있다.

36

마일스톤을 세분화한다

너무 커서 움직일 수 없어···.

작게 나누면 움직일 수 있어!

- 행동을 '분해'하여 생각하고 있다
- 행동을 '큰 덩어리'로 생각하고 있다.

성공의 비결
'결과 목표'와 더불어 '행동 목표'도 세운다.

현재 상태와 목표 사이에 마일스톤을 놓았다면 확실히 행동할 수 있도록 세분화(chunk down)하여 매일 매일의 행동에 적용하는 것이 좋다. 'chunk down'이란 코칭 업계에서 사용하는 표현으로 '하나의 큰 덩어리를 잘게 분해하다'라는 의미다.

실천 내용이 너무 크면 행동에 착수하기 어려우므로 그를 나눠 작은 덩어리로 만들면 쉽게 다룰 수 있는 것이다.

앞에서 다루었던 '1년 이내에 외국계 기업으로 이직하기 위해 토익 점수를 800점 이상 받는다'라는 목표라면, 최초의 마일스톤은 '우선 3개월 안에 650점을 목표로 한다' 혹은 '우선 기출문제를 풀어 보고, 현재 몇 점을 받을 수 있는 수준인지 확인하여 현재 점수+100점을 목표로 한다'.

다만 이것만으로는 무엇을 어떻게 해야 할지 알 수 없다. 그래서 이들을 '세분화'해야 하는 것이다. 구체적으로 목표 달성을 위해 필요한 행동을 적어 내려간다. 예를 들어 '우선 3개월 안에 650점을 목표로 한다'라는 마일스톤을 세분화하면 다음과 같다.

- 애플리케이션을 활용해 650점을 받기 위해 필요한 단어나 숙어를 암기한다.
- 650점을 받기 위해 필요한 문법은 참고서를 통해 학습한다.
- 음성 교재를 사용하여 650점을 받기 위해 필요한 듣기 공부 계획을 세운다.
- 토익 기출 문제를 푼다.
- 토익 시험을 접수한다.

또 다른 마일스톤인 '우선 기출 문제를 풀어 보고, 현재 몇 점을 받을 수 있는 수준인지 확인하여 현재 점수+100점을 목표로 한다'라면 다음과 같이 세분화할 수 있다.

- 토익 기출 문제집을 구입하여 어떤 문제가 출제되는지 확인한다.

- 기출 문제를 풀고 채점하면서 현재 수준을 파악한다.
- 현재 수준에 맞는 참고서를 구입하여 단어와 문법을 공부한다.
- 듣기 실력을 향상하기 위한 음성 교재를 구입하여 공부한다.
- 토익 시험을 접수한다.

이런 식으로 종이에 적고 우선순위를 매긴 후 써 내려간 메모 위에 번호를 붙인다. 이렇게 실천 내용을 세분화하고 구체화한다면 오늘, 이번 주, 이번 달의 실천 내용이 명확해지고 '무엇부터 시작하면 좋을지 몰라 행동할 수 없는' 상황을 피할 수 있다.

지금까지 ① '원대한 목표'를 수립하고 ② 목적을 분명히 하며 ③ 실천 내용을 설정했다.

마지막으로 확실하게 행동에 착수하기 위해 '언제, 어디서, 무엇을 할지'까지 구체적으로 정해두기 바란다.

막연하게 '주 3회, 30분씩 공부하기'보다 '이번 주는 월요일과 수요일, 금요일 출근 전에 식탁에서 30분 공부하기'라고 정하는 것이 더욱 확실하게 움직일 수 있도록 만들기 때문이다.

실천 내용이 구체적일수록
행동하기는 더욱 쉬워진다.

37

목표 완수 전,
한 단계 높은 목표를 설정한다

운동선수가 '목표를 달성한 순간 모든 것을 하얗게 불태웠다'라고 말하는 장면을 종종 볼 수 있다. 이런 말은 우리도 할 수 있다.

예를 들어 첫 해외 출장에서 고생하지 않기 위해 영어 회화를 배우고 있었다고 가정하자. 이때 출장이 끝나면 영어를 배울 목적을 잃고 공부를 중단하는 경우가 있다. 이는 너무나 안타까운 일이다. 그러나 이를 알고 있는 사람은 목표 달성에 가까워진 시점에 다음 목표를 수립한다. 해외 출장 중에 '다음에는 혼자서 해외여행을 하고 싶다' 혹은 '귀국 후에도 해외 관계자와 메일로 연락을 주고받을 수 있도록 영어의 문장력을 키우고 싶다', '모처럼 영어 공부를 시작했으니 해외 유학을 목표로 한다' 등 새로운 목표를 고민하는 것이다.

목표의 80%까지 달성했다면 다음 목표를 미리 수립하는 습관을 들이도록 하자.

한 단계 더 나아간 새로운 목표를 설정한다면 성장하기 위한 구체적인 행동이 보일 것이다. 또한 현재의 목표를 끝까지 긴장의 끈을 놓지 않고 달성해내는 효과도 기대할 수 있다.

Point!

목표를 갱신하면
지금의 목표가 성장으로 가는
단계가 된다.

당신의 행동을 크게 바꾸는 자기 이미지 향상 방법

코칭 업계에서는 '자기 이미지의 질이 목표나 비전의 질을 결정한다'라고 말한다. 다시 말해 높은 자아상을 가질수록 좋은 목표나 비전을 그리기 쉬운 것이다. 게다가 '나는 할 수 있다'라는 높은 자아상을 가진 사람은 '나는 할 수 없다'라는 낮은 자아상을 가진 사람보다 행동의 속도를 높일 수 있다. 지금부터 3단계로 할 수 있는 자기 이미지를 높이는 간단한 과정을 소개하려고 한다.

자기 이미지를 높이는 〈3 STEP WORK〉

STEP 1
현재 자기 이미지를 인식한다.

먼저 '현재 당신의 자기 이미지'를 생각해 본다.

예를 들어 ○○ 기업 직원, 계장, 과장, 10년 차 선수, 영업 담당자, 평범한 직장인, 남편, 아내, 두 아이의 아빠, 세 아이의 엄마, 테니스를 잘하는 사람, 독립 지향적인 직장인 등등. 자신이 생각한 이미지 몇 가지를 자유롭게 적는다.

STEP 2

미래를 고려한 이상적인 자기 이미지를 적는다.

6개월 후, 1년 후, 3년 후, 일이 순조롭게 진행되고 있다면 자기 이미지는 어떻게 바뀔까? 다음 세 가지를 고민해 보자.

① 일이 순조롭게 진행되고 6개월 후, 자기 이미지
② 일이 순조롭게 진행되고 1년 후, 자기 이미지
③ 일이 순조롭게 진행되고 3년 후, 자기 이미지

예를 들어 장래를 촉망받는 ○○ 기업의 사원, ○○의 떠오르는 별, 신임 계장, 신임 과장, 수석 책임자, ○○ 전문가, 애처가, 떠오르는 신인 아티스트, 인기 블로거, 혹은 일도, 취미도 끝까지 파고든 사람 등등. 6개월 후, 1년 후, 3년 후를 각각 적는다. 이때 겸손이나 사양은 절대 금지다.

STEP 3

미래의 자기 이미지 가운데 가장 와닿는 것을 선택한다.

'6개월 후', '1년 후', '3년 후' 무엇이든지 상관없으니 미래의 자기 이미지 가운데 가장 잘 맞는다고 생각하는 것을 하나 선택하여 지금 이 순간부터 그 이미지대로 살아간다.

예를 들어 '1년 후에는 수석 매니저가 되어 있다'를 선택했다면, 지금은 '지극히 평범한 직장인'이라는 자기 이미지라도 이제부터는 수석 책임자의 자세, 말투, 복장, 시점, 시야, 업무의 질, 시간 활용 방법 등을 의식하고 실천하는 것이다.

이를 실천하면 점점 더 자기 이미지가 향상될 것이다. 또 그 이미지에 가까워질 수 있도록 행동에 변화가 나타나 이상을 실현할 수 있는 가능성도 높아진다.

다시 말해 '사고는 현실화된다'라는 것이다.

목표를 착실하게 실현하기 위한
'되돌아보기 노트' 작성 방법

'원대한 목표'는 주기적으로 재설정한다

Part 05에서는 진심으로 인생을 바꾸기 위해 필요한 '원대한 목표'에 대해 다루었다. 그렇다면 원대한 목표를 수립한 후에는 어떻게 하면 좋을까?

아무리 매력적인 목표를 설정해도 어느 순간 동기 부여는 사라지게 된다. 아무리 감동했다고 하더라도 어느 순간부터 일상에 매몰되고 만다. 아무리 열정이 있어도 어느 순간부터 식어버린다. 이런 경험은 누구에게나 있을 것이다.

뜨거운 커피가 시간이 흐르면 식는 것처럼 방치한 목표에 대한 열정적인 마음도 서서히 식기 마련이다.

이미 '원대한 목표를 세웠다!'라고 말하는 사람도 부디 그것만으로 만족하고 안심하지 않기를 바란다.

수립한 목표를 방치하고 있지는 않은가?

'원대한 목표'는 당신을 가고 싶은 미래로 이끌어준다.

만약 '원대한 목표'를 설정했는데도 '전혀 잘되지 않는다', '행동이 아무것도 달라지지 않았다', '업무와 생활이 너무 벅차 미루고 말았다'라는 경우에는 목표를 더욱 매력적으로 만들기 위한 재설정(brush up)이 필요하다.

또다시 '매력적인 원대한 목표를 발견했어!'라고 말하는 사람도 그것만으로 마음 놓지 않기를 바란다. 목표 발견에 만족하여 목표를 재설정하는 사람이 의외로 많기 때문이다. 이는 실천 내용에 대해서도 마찬가지다.

목표나 실천 내용은 '한 번 세우면 끝'이 아니다. 행동하고 구체화하기 위해서라도 주기적으로 더 매력적이고 효과적인 목표로 다시 세우는 것을 추천한다.

그렇다면 애써 세운 '원대한 목표'를 실현하기 위해 새롭게 수정하려면 어떻게 해야 할까?

필자가 추천하는 방법은 '되돌아보기'이다. 여기에서는 효과적으로 지난 시간을 되돌아보고, '원대한 목표'를 착실하게 잡아나가기 위한 방법을 소개하려고 한다.

되돌아보기 없이는 목표를 실현할 수 없다!?

　정기적으로 목표 실현의 수준을 되돌아보고 방향을 수정한다면 '내버려 두고' 끝나는 일을 방지할 수 있다. 그렇게 되면 성공이나 실패와 관계없이 지난 경험을 자원으로 만들 수 있다.

　목표 실현을 위한 도전이 모두 계획대로 순조롭게 가는 경우는 드물다. 오히려 도전하고 있는 사람일수록 '생각처럼 되지 않는다', '잘 진행되지 않는다'라는 상황에 직면하게 된다.

　되돌아보지 않는 사람은 한 번만 잘되지 않아도 '실패'라고 판단하고 포기해버린다. 그에 비해 되돌아보는 사람은 방향을 수정할 수 있기 때문에 방식을 바꾸어 다시 도전하는 등 다음 행동으로 이어질 수 있다.

　이는 '잘한 일'도 마찬가지다. 되돌아보기를 하지 않는 사람은 '잘했으면 됐지 뭐'라며 거기에서 만족하고 마무리한다. 일이 잘 풀린 요인을 분석하지 않기 때문에 재현성이 낮고 좋은 상황이 길게 이어지지 않는다.

　반면 되돌아보기를 하는 사람은 잘된 요인과 상황을 분석하기 때문에 다음 행동에 적극적으로 활용할 수 있다. 다시 말해

'되돌아보기'를 하면 경험을 밑거름으로 만들어 다음 행동에 활용할 수 있다는 것이다.

'되돌아보기'와 '반성'은 목적이 다르다

'되돌아보기'와 비슷한 개념으로 '반성'이 있다.

두 개념은 매우 닮았지만 목적이 다르다. '되돌아보기'와 '반성'은 '과거의 행동을 돌이켜본다'라는 의미는 같지만, 반성은 '하지 못했던 일, 잘되지 않은 점'에만 집중한다. 다음에 같은 실수나 실패를 하지 않기 위해 개선하는 것이 목적이기 때문이다.

그에 비해 되돌아보기는 '하지 못했던 것, 잘되지 않은 일'뿐만 아니라 '잘한 일, 좋았던 점'에도 초점을 맞춘다. 다시 말해 '좋았던 점'과 '좋지 않았던 점'을 모두 분석하는 것이다. '잘한 일과 잘하지 못한 일'의 모든 경험을 자원으로 삼아 활용하는 것이 목적이기 때문이다.

필자가 지원하고 있는 사람 중에는 '되돌아보기를 할 계획으로 반성만 하다가 오히려 기가 죽어버렸다'라고 말하는 사람도 있다.

본인은 '되돌아보기'를 할 생각이었지만 자신도 모르는 사이 '잘못한 점 성토대회'를 하여 후회나 자기비하, 자기부정만 하기 쉽다. 그 결과 '나는 아무것도 할 수 없다', '아무리 열심히 해도 잘되지 않다니 재능이 없어서 안 되는 것이다', '행동해봤자 소용없다'라고 생각하여 자신감을 잃어버린다.

'반성은 잘하지만 되돌아보기는 미숙'한 사람은 절반만 하고 있는 것이다. 앞으로는 의식적으로 '잘한 일과 좋았던 일'에 대해서도 생각해볼 수 있게 되기를 바랄 뿐이다. 잘한 요인을 분석하는 습관을 만들면 재현성이 높아지므로 좋은 상황을 오래 유지할 수 있을 것이다.

되돌아보기를 성공하는 세 가지 포인트

되돌아보기를 하는 포인트는 크게 세 가지로 나눌 수 있다.

POINT 1
되돌아보기의 빈도

먼저 되돌아보기의 빈도는 '일주일' 단위로 하는 것을 추천한다. 여기에는 세 가지 이유가 있다.

첫째, 오랫동안 쉽게 이어갈 수 있기 때문이다.

매일 되돌아보기를 실천하려고 하면 바쁠 때는 시간을 확보할 수 없는 경우도 발생한다. 반대로 한 달에 한 번은 너무 공백이 길어 잊어버리는 경우가 생긴다.

이러한 점에서 '주 1회'의 되돌아보기는 바빠도 조금만 노력하면 시간을 확보할 수 있다. 만약 잊어버린다고 해도 바로 다음 주가 되기 때문에 쉽게 복구할 수 있다.

둘째, 1년에 52회나 초기화할 기회를 얻을 수 있기 때문이다.

만약 잘 풀리지 않은 일이 있어도 주 단위로 되돌아보기를 실행한다면 주말에 초기화하여 다음 주부터는 새롭게 도전할 수 있다. 1년에 52회 도전하고, 초기화할 기회가 주어지기 때문에 방향 수정 또한 쉽게 할 수 있다.

셋째, 심리적 허들이 낮다.

되돌아보기를 매일 실천한다면 매일매일의 과제에 쫓기고 있는 사람에게는 즐거움이 아닌 의무가 되어버린다. '매일 되돌아보기를 하는 이상, 목표 실현을 위한 어떠한 행동도 매일 해야만 한다'라는 생각이 들면 즐거울 수 없기 때문에 계속 이어가기 어렵다. 게다가 바빠서 할 수 없는 날이 증가하면 자신을 탓하게 되면서, 되돌아보기뿐만 아니라 목표 실현을 향한 도전 자체를 멈추는 일도 있다.

또한 월 단위로 생각하면 완벽주의의 소용돌이에 휘말릴 가능성이 높아진다.

사람은 기간이 길수록 '이 정도는 할 수 있을 것이다'라며 할 수 있는 일을 크게 어림잡는 경향이 있다. 그 결과 너무 허들이 높은 계획을 세워 '그다지 진행되지 않았다', '생각한 만큼 할 수 없었다'라며 오히려 침울해진다. 그렇기 때문에 주 단위로 파악한다면 아무리 바쁘더라도 목표에 도전하는 시간을 쉽게 확보할 수 있다. 나아가 미래에 대한 전망도 쉽게 세울 수 있기 때문에 현실적인 계획을 수립할 수 있다.

되돌아보기를 확실하게 실천하기 위해서는 '매주 금요일 밤 9시', 혹은 '월요일 아침 6시' 등 구체적인 시간으로 정하는 것이 좋다. 참고로 되돌아보기 1회를 위한 시간은 5~30분으로도 충분하다. 우선은 15분을 목표로 시도해 보자.

POINT 2
되돌아보기의 순서와 방법

반드시 되돌아보기는 '결과가 좋았던 일(잘한 일) → 결과가 좋지 않았던 일(잘하지 못한 일)'의 순서로 하는 것이 좋다. 그리고 그 결과를 액션 플랜으로서 이후의 일정에 반영한다. 뒤에서 더 자세히 설명하겠지만 되돌아보기를 하는 방법은 우선 '잘한 일'에 대해 그 요인과 배경을 분명히 하는 것이다. 이것만으로도 다시 실현할 가능성은 크게 향상된다. '잘하지 못한 일'에 대해서는 과제와 대책을 명확하게 규정하고 방향을 수정해 나간다.

POINT 3

되돌아보기의 활용 방법

열심히 되돌아보기를 하더라도 실제 행동에 반영할 수 없다면 너무나 안타까운 일이다. 이때는 다음의 세 가지 질문을 의식함으로써 조금씩 활용하도록 한다.

- 자신의 꿈이나 목표에 더 다가가기 위해서 무엇을 하면 좋을까?
- 조금 더 개선할 수 있는 점이 있다면 그것은 무엇일까?
- 이 경험을 다음으로 이어지게 하기 위해서는 어떻게 하면 좋을까?

이러한 생각만으로도 되돌아보기의 내용을 다음 행동에 반영시킬 수 있다.

행동을 새롭게 설정하는 '되돌아보기 노트'란?

우선 되돌아보기를 위한 노트를 한 권 준비한다. 노트는 어떤 크기나 형식이라도 상관없다. 노트가 준비되면 다음 페이지의 그림처럼 세로와 가로로 선을 그어 네 칸을 만든다.

① 실천 내용, ② 잘한 일과 잘하지 못한 일, ③ 고민과 과제, ④ 방향을 수정한 액션 플랜을 기재한다.

이렇게 쓴 후 다음과 같은 4단계 과정을 시행한다.

STEP 1
노트에 목표 실현을 위한 '실천 내용'을 적는다.

Part 05에서 목표를 달성하기 위해 '실천 내용'을 명확하게 해야 한다는 이야기를 했다. 현재 수준과 목표 사이에 세 가지 마일스톤을 세우고, 그를 세분화하여 각 마일스톤에 도달하기 위한 액션 플랜을 결정한다.

먼저 이 실천 내용을 4칸으로 나눈 노트의 왼쪽 위에 기재한다. 예를 들어 '현재 다니는 회사에서 독립하여 툇마루 콘셉트의 카페를 차리고 싶다'라는 원대한 목표를 가진 A가 있다고 하자.

A는 '창업 노하우를 익힌다'를 첫 번째 마일스톤으로 설정했다. 그리고 그를 위해 '카페 창업과 관련된 책을 사서 읽는다', '실제로 직장을 다니다가 카페를 차린 사람을 만난다', '여러 카페를 돌아다니며 메뉴와 가격을 연구한다'라는 액션 플랜을 세웠다.

이런 계획을 ①번 칸에 '카페 창업과 관련된 책을 사서 읽는다', '실제로 직장을 다니다가 카페를 차린 사람을 만난다', '여러 카페를 돌아다니며 메뉴와 가격을 연구한다' 등으로 적는다.

모두 적었으면 이제 행동으로 옮기면 된다.

① 실천 내용	② 잘한 일과 잘하지 못한 일
③ 고민과 과제	④ 방향을 수정한 액션 플랜

STEP 2
'잘한 일'과 '잘하지 못한 일'을 적는다.

노트에 실천 내용을 적고 1주일이 지나면 실제 행동으로 옮겼는지, 옮기지 못했는지를 되돌아보고 ②번 칸에 '잘한 일과 잘하지 못한 일'을 적는다.

이때 앞에서 서술한 것처럼 '잘한 일'부터 되돌아본다. 사람은 아무것도 의식하지 않고 있으면 과거의 좋은 기억이 나쁜 기억의 그림자에 파묻히게 된다. 따라서 되돌아보기를 할 때는 의식적으로 '과거의 좋은 기억'에 먼저 접근하도록 한다.

A는 잘한 일로 '카페 창업과 관련된 책을 구매했다', '책을 한 챕터 읽었다'라고 적었다. 그리고 하지 못한 일로 '실제 카페를 창업한 사람을 만난다'와 '메뉴와 가격을 연구한다'를 기입했다.

'잘한 일'은 아주 작은 것이라도 상관없다. 예를 들어 책을 전혀 읽지 못했다고 하더라도 책을 구입했다면 '잘한 일'에 해당한다. 또 만약 책을 사지 않았어도 어떤 책을 살지 검토했다면 그것 또한 '잘한 일'이므로 '구입할 책을 검토했다'라고 적으면 된다.

STEP 3
'고민과 과제'를 기재한다.

'잘한 일'과 '잘하지 못한 일'을 썼다면 이번에는 ③번 칸에 지금 끌어안고 있는 고민과 과제를 적는다.

여기에서는 앞에 적었던 '잘하지 못한 일'에 대해 '어떻게 하면 실행할 수 있을까?'라는 관점에서 고민하고 발견한 '과제'를 기재한다.

A의 사례에서는 '어떻게 하면 카페를 창업한 사람을 만날 수 있을까?'를 생각하여 도출한 과제를 적는 것이다.

그러면 다음과 같이 몇 가지 과제가 떠오를 수 있다.

- 카페에 찾아가는 시간을 매장이 붐비는 주말이 아닌 평일에 확보할 필요가 있다.
- 만나고 싶은 사람을 한 명으로 제한하지 말고 여러 사람을 조사한다.
- 평소 알고 지내지 않은 사람과는 약속을 잡기 어려우므로 허들을 조금 낮춘다.

또한 그 칸에는 '많은 야근', '만성적인 수면 부족과 운동 부족', '자녀의 수험 공부에 대한 걱정', '가족과의 대화 부족' 등 목표와 직접적으로 관련이 없는 '고민'이나 '신경 쓰이는 일'도 기재한다.

우리는 '목표 실현을 위해 필요한 행동만 하면 된다'라며 일을 단편적으로 파악하기 쉽다. 그러나 중장기적인 목표를 착실하게 실현하기 위해서는 몸과 마음의 건강, 근무 방식, 시간 활용 방법, 가족과 직장에서의 좋고 나쁜 인간관계 등도 영향을 미칠 수 있다.

'목표'에 한정하지 않고 걱정이나 고민을 작성하면 자신의 현재 상태를 더욱 객관적으로 인식할 수 있다. 현재 상태나 과제를 파악할 수 있다면 이제 그에 대한 대책도 마련할 수 있다.

STEP 4
방향을 수정한 액션 플랜을 작성한다.

'고민과 과제'를 작성했다면 액션 플랜의 방향을 수정하고 다음 주 시행하고 싶은 액션 플랜을 설정하여 ④번 칸에 적는다.

우선 〈STEP 2〉의 '잘한 일' 요인을 분석하여 그것을 액션 플랜으로 반영한다. A의 경우, (지난주는 체력적으로 여유가 있는 월요일에 책을 구입하였으므로) '월요일 퇴근 후에 메뉴와 가격을 조사한다'라고 적는 것이다.

다음으로 〈STEP 3〉에서 언급한 과제나 고민을 바탕으로 액션 플랜의 방향을 수정한다.

예를 들어 '출근하는 지하철에서 창업과 관련된 책을 읽는다', '평일에는 카페에 방문할 수 있도록 주 1회 정시에 업무를 마치는 날을 확보한다', '(갑자기 연락하지 말고) 우선 카페에 손님으로 방문한다', '(실제로 가게에 가지 않아도 되므로) 인터넷으로 집 근처 카페 세 곳의 메뉴와 가격을 조사한다' 등이 있다.

새로운 액션 플랜은 그다음 주 되돌아보기의 대상이 되므로 다음 페이지의 ①번 칸에도 적는다. 조금 귀찮다고 느낄지도 모르지만 노트의 왼쪽 위를 미리 써두면 계속 노트를 채워가고 싶어지므로 되돌아보기를 계속 시행할 수 있다.

이렇게 4단계를 매주 반복한다면, 차근차근 '원대한 목표'의 실현에 가까워질 수 있다.

익숙해지기까지 시간이 걸릴지도 모른다. 그럴 때는 예를 들어 '30분' 등 시간 제약을 설정하여 그 시간 안에 할 수 있는 범위에서 노트를 채워나간다. 익숙해지면 10분 정도로도 가능하므로 부디 가벼운 마음으로 시도해보기 바란다.

나오며

마지막까지 이 책을 읽어주신 여러분에게 감사의 말을 전한다.

그런데 당신은 '죽을힘을 다해' 열심히 해본 적이 있는가?

필자는 '열중했던 기억'에 대한 질문에는 바로 답변이 떠오르지만, '죽을힘을 다해 열심히 한 기억'에 대한 질문에는 번뜩 떠오르는 답변은 없다.

얼마 전, 내가 주최하는 온라인 아카데미의 멤버에게 이런 질문을 받았다.

*

저는 무언가를 희생하면서까지 이를 악물고 열심히 하는 것이 너무 싫어서, ('잘하고 있는가'와는 별개로) 취미나 일상도 소중히 하면서 무리하지 않는 선에서의 노력을 이상적으로 생각하는 유형이라고 스스로 분석했습니다. 그런데 지인이나 친구에게

저의 가치관을 말하면, '아직 어리다' 혹은 '다른 사람보다 배로 노력해야 한다' 등의 말을 들을 것 같다는 생각이 들었습니다.

'아, 이거야말로 타인의 기준이구나…'라고 생각하면서도, 실제로 학업이나 업무에서 성공한 경험이 거의 없어서 돌고 돌아 결국 '한 분야에서 죽을힘을 다해야만 하는 걸까……'라는 생각을 하고 말았습니다.

이 과정을 거쳐 '해야만 해'라고 생각할 수 있다면 괜찮지만, 결국엔 부정적인 생각만 하다가 지나치게 시간을 허비하게 됩니다. 이에 대해 선생님의 의견을 꼭 듣고 싶습니다.

*

일단 '현재 나의 가치관은 이것'이라고 파악하고 있다는 점은 매우 칭찬해주고 싶다. 그러나 '한 분야에서 죽을힘을 다해야만 한다'는 '머리의 소리'이다. 그러므로 무리해서 그렇게 생각하지 않아도 좋다. 순서가 바뀌었다는 기분이 들 수 있지만 '머리의 소리'에 따른 필사적인 노력보다 '마음의 소리'를 솔직하게 듣는 것부터 시작하기 바란다.

'죽을힘을 다해 노력하고 있으니 잘될 거야' 보다, '죽을힘을 다해 열중할 수 있는 일을 만났고 문득 정신을 차리고 보니 결과적으로 잘됐다.'라고 말하는 경우가 많기 때문이다.

우리는 누구나 몰두할 수 있는 일과 자연스럽게 만나 어딘가의 과정에서 필사적으로 행동하게 된다. 나중에 돌아보면 '무언가를 희생했다'라고 말할 수 있지만 '당시는 열중했던 것뿐', '필사적이었던 것뿐'인 경우가 종종 있는 것이다.

다만 하나의 경험으로서 '자신의 한계에 도전'하는 것도 좋다. '한계'는 단순한 믿음일지도 모른다. 일부러 '한계를 한번 뛰어넘어 보겠어'라며 도전한다면 '자신의 새로운 가능성'을 발견할 수 있을 것이다. 만약 무리하거나 희생하는 것이 싫다면 철저하게 '죽을힘을 다해 스스로를 소중히 생각한다'라는 생각은 어떨까? 그러면 자신의 가치관을 배척하지 않고 한계 돌파에 도전할 수 있을 것이다.

우리가 열중하게 되는 일과 마주하는 순간은 오늘이 될 수도, 내일이 될 수도 있다. 어쩌면 1년 후가 될지도 모른다. 그날까지 자신이 가고 싶은 미래를 향해 오늘도 한 걸음씩 성장하는 날을 쌓아가도록 하자.

이 책은 많은 사람의 도움으로 완성할 수 있었다.

편집을 담당한 간키 출판사의 시계무라 게이타 씨의 통찰력과 독려, 그리고 일러스트레이터인 스즈키 이쓰코 씨 덕분에

이 책이 탄생할 수 있었다. 그리고 많은 클라이언트인 여러분과 이노베이션 프로그램의 응원 덕분에 항상 보람을 느끼면서 일을 하고 있다. 진심으로 감사하다는 말을 전하고 싶다.

언제나 인생의 파트너로서, 또 업무에서도 최강의 파트너로서 나에게 아낌없는 지지를 보내는 아내 아사코와 두 아들 아키히로, 다쓰야. 언제나 고맙다.

그리고 이 책을 읽어주신 여러분에게도 진심으로 감사의 인사를 전하며, 혹시 여건이 된다면 솔직한 감상을 부탁드리고 싶다. 보내준 감상은 최선을 다해 읽을 것이니 아래의 주소로 감상을 보내주길 바란다.

- info@a–i–.asia(제목: 『바로 행동하는 사람의 37가지 비법·감상』)

마지막으로 독자 여러분에게 줄 선물을 준비했다. 아래의 URL에서 독자 등록을 하면 특전을 다운 받을 수 있다.

- http://an–i.info/37kotsu

자신의 의지로 행동하여 미래를 향한 당신의 문이 희망과 함께 활짝 열리길 바라며. 가까운 미래 당신과 직접 대화할 수 있는 날을 기대한다.

오히라 노부타카

완전 요약! 키워드 색인

조금 더 자세하게 알고 싶다면 괄호 안 필자의 다른 책도 참고하면 좋다.

1. 도파민 023p

행동력의 원천. 의욕을 끌어올리거나 즐겁다고 느끼는 뇌의 '측좌핵'에서 방출되는 신경 전달 물질.

2. 임시 결정과 임시 행동 028p

임시라고 표현했지만 현재 시점에는 '이것!'이라고 정하여 행동하는 것. 어디까지나 '임시'이기 때문에 나중에 변경해도 상관없다.
(『하루 50초 셀프 토크』, 세종서적, 2016)

3. 10초 액션 032p

10초 안에 할 수 있는 구체적인 행동. 행동으로 착수할 때 불을 붙이는 역할을 담당한다.(『나를 바꾸는 연습』, 세종서적, 2016)

4. 앵커링 효과 043p

조건을 붙이는 것. '장소'나 '시간'을 업무 등의 행동과 연결하여 미루는 습관을 격퇴할 수 있다.(『미루기 습관은 한 권의 노트로 없앤다』, 라이팅하우스, 2018)

5. 기분 일치 효과 055p

기분 좋게 하루를 시작하면 '상행' 에스컬레이터를 탈 수 있다.
(『늘어진 기운을 단숨에 바꾸는 작은 습관, 루틴』, 행복에너지, 2019)

6. 행동 브레이크를 없애는 두 가지 방법 061p

① 원인을 특정하여 방해 요인을 배제한다.
② 목적에 집중하여 방해 요인의 영향을 줄인다.

(『'그만둘 수 있는 사람'과 '그만둘 수 없는 사람'의 습관』(한국 미출간))

7. 5개의 폴더로 컴퓨터 바탕화면 정리하기 068p

① 보존 및 참고용, ② 완료, ③ 이번 주, ④ 진행 중, ⑤ 그 외 등 5개의 폴더로 나누어 정리한다. 정리는 한 달에 한 번 잊지 말 것!

8. 10초 지시 메모 075p

업무 중단 시 다시 시작할 때 가장 먼저 해야 할 일을 미리 메모한다. 이것만으로도 매끄럽게 다시 시작할 수 있다.

(『늘어진 기운을 단숨에 바꾸는 작은 습관, 루틴』, 행복에너지, 2019)

9. 아침 첫 번째 지시 메모 079p

퇴근 전에 '다음 날 아침 가장 먼저 해야 할 일'을 미리 정한 메모. 매일 아침 자연스럽게 업무 모드로 들어갈 수 있다.

10. 메타 인지 087p

자신이 알고 있는 것과 알지 못하는 것을 객관적으로 인지하고 있는 상태. 자신의 사고를 메타 인지 할 수 있다면 쉽게 대책을 세울 수 있다.

11. 긴장 통제 094p

지나치게 긴장하거나 혹은 너무 마음이 해이해지면 퍼포먼스가 떨어지므로 적당한 긴장감을 만들어 행동할 수 있도록 한다.

(『늘어진 기운을 단숨에 바꾸는 작은 습관, 루틴』, 행복에너지, 2019)

12. 피그말리온 효과 098p

다른 사람에게 받는 기대를 통해 기대만큼의 성과를 내는 경향. 너무 긴장이 풀어질 때 효과적이다.

(『늘어진 기운을 단숨에 바꾸는 작은 습관, 루틴』, 행복에너지, 2019)

보는 경우가 많다. 완벽하지는 않더라도 부분 점수를 주는 〈할 수 있다 안경〉을 끼고 바라보아야 다음 행동으로 이어지기 쉽다.

20. '결과 목표'와 '행동 목표' 사용법

'결과 목표'는 결과를 중시한 목표이며 '행동 목표'는 결과를 도출하는 데 필요한 행동에 집중한 목표이다. 상황이 나쁠 때는 '행동 목표', 매너리즘에 빠졌다면 '결과 목표'로 상황에 따라 적절하게 나누어 사용한다.

21. 시간 가계부

돈의 가계부와 마찬가지로 자신이 시간을 어떻게 사용하고 있는지 투자, 소비, 낭비 등 세 가지로 나눈다. '투자 시간'이 없다면 '현상을 유지'하는 것밖에 안 되기 때문에 '투자 시간'을 늘리는 것이 좋다.

22. 하루 시간표의 작성

하루를 '출근 전까지', '오전 중', '오후 3시까지', '퇴근 전까지', '취침 전까지'의 다섯 개로 나누고, 그 시간대에 맞는 업무나 과제를 할당하여 '하고 싶은 일'을 할 수 있는 시간을 확보한다.

23. 파킨슨의 법칙

'일은 주어진 시간에 따라 최대한 팽창한다'라는 법칙. 이를 방지하기 위해 시간제한을 설정한다. 그러면 집중력이 높아지고 최소한의 시간으로 일을 마무리할 수 있다.

24. 최고 집중하는 30분

자신의 집중력이 높은 시간대에 30분 동안 '현재의 나를 전부 발휘해 집중'하는 것. 미루는 습관을 줄이고 성취감을 얻을 수 있다. 이 시간을 하루 두 번 확보하는 것을 추천한다.

25. 자기 취급 설명서 189p

체력이나 집중력을 회복하거나 우울해진 감정을 처음으로 되돌리기 위해 자신에게 맞는 기분 전환 방법과 체력 회복 방법을 피로 정도에 따라 미리 정한다.

26. 시간의 질을 향상하는 두 가지 관점 191p

① 성과가 나오고 있는가? ② 몸과 마음의 컨디션은 좋은가?
여기에서 말하는 '몸과 마음의 컨디션'이란 몸과 마음의 건강과 상태를 의미한다.

27. 제로베이스 행동 196p

불만이나 부족이라는 과제를 없애고 '마이너스 상태'를 원점으로 되돌리기 위한 행동.

28. 플러스 행동 196p

만족감이나 성취감, 행복을 얻기 위해 '긍정적인 가치를 창출'하는 행동. 제로베이스 행동으로 만들어 낸 시간에 어떤 일을 하고 싶은지를 생각하는 것으로 꿈이나 목표를 실현할 수 있게 된다.

29. 원대한 목표 200p

실현 가능성에 얽매이지 않는 '마음속 실현하고 싶은 목표'. 원대한 목표는 우리를 가고 싶은 미래로 힘껏 끌어당긴다.
(『미루기 습관은 한 권의 노트로 없앤다』, 라이팅하우스, 2018)

30. 욕망 206p

마음속 깊은 곳에 자리한 순수한 감정이자 마음을 흔들 만한 희망과 소망, 기대. 욕망 없는 목표는 '진정한 목표'라고 말할 수 없다.
(『하루 50초 셀프 토크』, 세종서적, 2016)

게으른 뇌에
행동스위치를 켜라

ⓒ 밀리언서재, 2022

초판 1쇄 발행 | 2022년 04월 10일
초판 8쇄 발행 | 2024년 03월 27일

지은이 | 오히라 노부타카
옮긴이 | 오정화
펴낸이 | 정서윤

편집 | 이명희
디자인 | 지 윤
마케팅 | 신용천
물류 | 비앤북스

펴낸곳 | 밀리언서재
등록 | 2020. 3. 10 제2020-000064호
주소 | 서울시 마포구 동교로 75
전화 | 02-332-3130
팩스 | 02-3141-4347
전자우편 | million0313@naver.com
블로그 | https://blog.naver.com/millionbook03
인스타그램 | https://www.instagram.com/millionpublisher_/

ISBN 979-11-91777-15-4 (03190)

값 · 15,000원